Stefan Otremba

Das Menschenbild in der Ökonomie

Reihe Wirtschaftswissenschaften

Band 86

Das Menschenbild in der Ökonomie

Reflexionen über eine moderne
Wirtschaftsethik und deren Chancen in der
realwirtschaftlichen Praxis

Stefan Otremba

Centaurus Verlag & Media UG

Zum Autor:
Stefan Otremba wurde 1980 geboren. Nach dem Studium der Wirtschaftswissenschaften in Deutschland, den USA und Südostasien war er mehrere Jahre weltweit in verschiedenen Funktionen in der Privatwirtschaft tätig. Parallel absolvierte er ein Master-Studium der Angewandten Ethik an der Westfälischen Wilhelms-Universität Münster. Seit 2008 ist er als Manager in einem globalen Industrieunternehmen tätig.

Die Deutsche Bibliothek – Cip-Einheitsaufnahme

Bibliographische Information der Deutschen Bibliothek:
Die deutsche Bibliothek verzeichnet diese Publikation in der
Deutschen Nationalbibliographie; detaillierte bibliographische Daten
sind im Internet über http://dnb.ddb.de abrufbar.

ISBN 978-03-8255-0755-8   ISBN 978-3-86226-972-3 (eBook)
DOI 10.1007/978-3-86226-972-3
ISSN 0177-283X

Alle Rechte, insbesondere das Recht der Vervielfältigung und Verbreitung sowie der Übersetzung, vorbehalten. Kein Teil des Werkes darf in irgendeiner Form (durch Fotokopie, Mikrofilm oder ein anderes Verfahren) ohne schriftliche Genehmigung des Verlages reproduziert oder unter Verwendung elektronischer Systeme verarbeitet, vervielfältigt oder verbreitet werden.

© *CENTAURUS Verlag & Media KG, Freiburg 2009*

Umschlaggestaltung: Jasmin Morgenthaler
Umschlagabbildung: Süddeutsche Zeitung Photo / SSPL/Science Museum

Satz: Vorlage des Autors

Danksagung

Mit „time is money" – der Anerkennung des Faktors Zeit als wertvolles Gut – prägte Benjamin Franklin im Jahr 1748 eine Sentenz, deren Validität in dem Versuch, Privatleben und Beruf, persönliche Interessen und Karriereorientierung angesichts einer zunehmenden Vielfalt an Handlungsoptionen in der lebensweltlichen Praxis miteinander in Einklang zu bringen, fast unweigerlich stets erneut bewiesen wird. Was als einer diverser „Ratschläge für junge Kaufleute" gemeint war, avanciert indes nicht selten zur zentralen Handlungsmaxime von in der Wirtschaft aktiven Personen. Umso wichtiger ist es da zu erfahren, dass einige Menschen bereit sind, sich selbst, ihre Fähigkeiten und ihr Wissen in den Dienst der persönlichen Fortentwicklung eines jungen Menschen und dessen Herausbildung eines Systems kohärenter moralischer Überzeugungen zu stellen. Dieses Engagement ist hier zu würdigen, denn obgleich die Zeit an sich kein knappes Gut darstellt, so empfindet doch jeder seine Zeit als begrenzt und wertvoll.

Mein Dank gilt vor allem meinen Eltern, die für mich stets eine Atmosphäre des gegenseitigen Interesses und des Wohlseins geschaffen haben, in dessen Offenheit ich den Diskurs erlernen und meine rhetorischen und argumentativen Fähigkeiten ausbilden konnte – und immer noch kann. Vor allem danke ich meinem Vater, der meine schriftlich niedergelegten geistigen Ergüsse zu diesem Buch gelesen, vor dem Hintergrund seines eigenen reichen Erfahrungshorizonts kritisch hinterfragt und mit wichtigen Anmerkungen bereichert hat. Ein ebenso großer Dank gebührt meiner Freundin Theres, die meine Irrungen und Wirrungen im

Versuch der Etablierung eines in sich schlüssigen Systems an moralischen Überzeugungen ertragen und zu diesem durch ihre umsetzungsorientierte Kritik wesentlich beigetragen hat. Und schließlich danke ich meinen philosophischen Lehrern an der Universität Münster, vor allem Herrn Dr. Ach, Herrn Prof. Bayertz und Herrn Prof. Siep, die mich während meines Studiums der Angewandten Ethik erheblich bereichert, meinen wissenschaftlichen Horizont erweitert, mein Interesse für über die Wirtschaft hinaus gehende Lebensbereiche vertieft und mein Denken geprägt haben. Vielen Dank!

Inhalt

Danksagung	V
1. Einführung – Moral und Wirtschaft	1
2. Das klassische Menschenbild – Analyse und Aufklärung	5
2.1 Das Menschenbild bei Adam Smith	5
2.2 Das Konzept des homo oeconomicus	13
3. Die Ethik der Wirtschaft – eine Kritik	19
3.1 Die wirtschaftsethische Konzeption nach Karl Homann	19
3.2 Kritische Reflexionen der Homann'schen Wirtschaftsethik	23
3.2.1 Die Dynamik der realwirtschaftlichen Entwicklung	*23*
3.2.2 Die Forderung nach Kohärenz	*27*
4. Moral im Alltag – die Herausforderung des Einzelnen	33
4.1 Die Grenzen der Moral als gesetztes Recht	33
4.2 Exkurs: Die realwirtschaftliche Praxis – ein Szenario	36

4.3 Der Einzelne ist gefordert! – Kohärenz
im Alltag 45
   4.3.1 Moral ist – und sie will gelebt werden! 45
   4.3.2 Theoretische Grundlagen zum
        Kohärentismus 47
   4.3.3 Perspektiven der Anwendung 50

**5. Schlussbetrachtungen – ein Appell
an die individuelle Integrität** 59

Literatur IX

Internetquellen XIII

1. Einführung – Moral und Wirtschaft

Angesichts der sich dynamisch entwickelnden Lebenswirklichkeit und der damit einher gehenden Notwendigkeit einzelner Menschen und ganzer Gesellschaften, sich in komplexen und zunehmend globalen Wirkungszusammenhängen zu orientieren, steht die Ethik vor der Herausforderung, Handlungsleitung für die immer zahlreicheren Entscheidungssituationen zu bieten, in denen wir uns unserer moralischen Intuition nicht gewiss sind. In der Entwicklung adäquater Kriterien sollte der moralphilosophische Anspruch darin bestehen, an bestehenden gesellschaftlichen Konsens anzuknüpfen und kontextsensitive Betrachtungsweisen mit der Reflexion grundsätzlicher ethischer Paradigmen zu vereinen, um den Menschen als Adressaten der Moral nicht zu verlieren. Indem die lebensweltliche Faktizität der Moral ernst genommen und als eine Grundlage der Generierung kohärenter moralischer Überzeugungssysteme anerkannt wird, bejaht die Ethik dieses Projekt und vermeidet eine weitere Entfernung vom ethischen Alltagsdenken, religiösen und ästhetischen Traditionen[1], die als Impulse für menschliches Handeln letztlich unerlässlich sind.

Aufgrund der zunehmenden Vielschichtigkeit der lebensweltlichen Praxis neigt die Ethik dabei zu einer gewissen

---

[1] Siep erachtet den „Horizontverlust der modernen Ethik, der mit ihrer Verwissenschaftlichung und ihrer Entfernung vom ethischen Alltagsdenken sowie von religiösen und ästhetischen Traditionen zusammenhängt" als einen von vier Gründen dafür, „die Ethik wieder zu öffnen" und entwickelt – basierend auf dieser Grundlage – in seinem Buch „Konkrete Ethik" Grundlagen der Natur- und Kulturethik. Vgl. Siep, L. (2004), S. 11.

Fragmentierung der realen Umwelt, die zur Herausbildung bereichsspezifischer Ethiken geführt hat. Was einerseits für das Verständnis der spezifischen Erfordernisse hilfreich und die Entwicklung konkreter Lösungen dienlich sein mag, führt andererseits dazu, dass in einigen Lebensbereichen Ansätze geschaffen werden, die kontraintuitiv sind und den Erfordernissen der Realität nicht Rechnung tragen. Gerade die Wirtschaftsethik scheint hierfür besonders anfällig zu sein, was mit zwei wesentlichen Einflussgrößen zusammenhängt. Zum einen wird die Wirtschaft oft als ein Lebensbereich interpretiert, der – abgekoppelt von anderen Arealen menschlicher Interaktion – eigenen Gesetzen gehorche und, indem er dies tue, durch sich selbst exkulpiert sei: Die Gesetze des Marktes verlangten schließlich selbstinteressiertes Handeln und es obliege dem Staat, für die Verteilung des so geschaffenen Wohlstandes zu sorgen. Zum zweiten stehen Normen und Werte im Moralbewusstsein der meisten Menschen in der heutigen Zeit – zumindest in praxi – unter hypothetischem Vorbehalt[2], das heißt sie gelten vor allem dann, wenn die Verwirklichung der durch diese Prinzipien artikulierten Ziele zufällig mit dem Eigeninteresse des Akteurs übereinstimmt oder potentielle Nachteile sich in engen Grenzen halten. Da gerade im Bereich der Wirtschaft diese Nachteile in monetären Größen gut bezifferbar sind, ist hier auch die Ablehnung besonders groß, wenn es darum geht, für seine Ideale einzustehen. Dieser Hintergrund hat oft zu der Behauptung geführt, Wirtschaft und Ethik passten einfach nicht zusammen.

Dieses Buch ist als ein Versuch zu verstehen, dieser Ansicht entgegenzuwirken. In einem ersten Schritt wird in Kapitel 2 die in der Wirtschaft weit verbreitete Über-

---

[2] Vgl. Thielemann, U.; Ulrich, P. (1993), S. 55.

zeugung beleuchtet, die Ökonomik als systematische Wissenschaft, als deren Begründer Adam Smith gilt, basiere gewissermaßen auf dem Postulat des Selbstinteresses[3] und fordere die Negierung altruistischer, sozialer und moralischer Normen. Durch die Darlegung der aus reflektierender Analyse von dessen Hauptwerken gewonnenen Erkenntnisse wird sich diese Ansicht als Irrtum herausstellen.

Infolge dieses ersten Schrittes der Aufklärung über wissenschaftshistorische Zusammenhänge wird in Kapitel 3 die wirtschaftsethische Konzeption von Karl Homann, die als normative Fortführung der klassischen Wirtschaftstheorie gilt, in ihren Grundzügen vorgestellt, diskutiert und kritisiert. Homanns Position als einer der führenden Wirtschaftsethiker unserer Zeit sowie seine aus Sicht der realwirtschaftlichen Praxis oft als überaus plausibel befürworteten Thesen machen deren nähere Betrachtung erforderlich. Dabei wird sich jedoch zeigen, dass die durch Homann entwickelte Regelethik aufgrund ihrer fehlenden praktischen Umsetzbarkeit sowie durch ihre Unvereinbarkeit mit den durch eine Vielzahl von Menschen bejahten moralischen Überzeugungen weiterreichender Horizonte keine befriedigende Antwort auf die Fragen unserer Zeit bietet.

Vor diesem Hintergrund wird in einem dritten Schritt in Kapitel 4 der Kohärentismus als begründungsmethodisches Paradigma der Ethik vorgestellt und – basierend auf diesem – anhand eines Szenarios dargelegt, welche Möglichkeiten

---

[3] In der vorliegenden Arbeit wird der in englischen Originaltexten mit „self-interest" bezeichnete Sachverhalt mit Selbstinteresse übersetzt und auf diese Weise auch terminologisch fortgeführt, um die negativen Konnotationen des alternativen Begriffes Egoismus zu vermeiden. Zur Begriffsdeutung, siehe insbesondere Kapitel 2.2 dieser Arbeit.

der Einflussnahme jeder Einzelne besitzt, bestehenden Dissens zwischen seinen moralischen Überzeugungen und konkreten unternehmerischen Entscheidungen zu artikulieren und für die Umsetzung seiner Ansichten einzutreten.

Die Ausführungen dieses Buches konzentrieren sich dabei auf konkret erlebbare realwirtschaftliche Phänomene – ohne die globalen Zusammenhänge zu negieren. Daher wird in Kapitel 5 im Rahmen der Schlussfolgerungen noch einmal Bezug auf die globalen Handlungsbedingungen genommen und auf die sich aus diesen ergebenden besonderen Handlungsfelder verwiesen. In diesem Kontext wird auch deutlich werden, dass komplexe Zusammenhänge eben differenzierte Antworten auf die drängenden Fragen unserer Zeit erfordern. Dabei ist gerade die realwirtschaftliche Praxis auch durch tatsächliche Sachzwänge geprägt, welche nicht ignoriert werden dürfen, sondern im Gegenteil ernst zu nehmen sind. Wo diese Sachzwänge – beispielsweise durch das Management von Unternehmen – jedoch konstruiert werden mit dem Ziel, die Revidierung konventioneller Überzeugungen zu verhindern, da soll Transparenz geschaffen und mit Vorurteilen aufgeräumt werden. In diesem Sinne ist das vorliegende Buch zu verstehen – zur Aufklärung, zur Differenzierung und zum Aufzeigen möglicher Lösungen

2. Das klassische Menschenbild – Analyse und Aufklärung

2.1 Das Menschenbild bei Adam Smith

Adam Smith[4] gilt als „principal originator and founder of economic theory as a systematic study"[5]. Sein wirtschaftswissenschaftliches Hauptwerk *An Inquiry Into the Nature and Causes of the Wealth of Nations*[6] von 1776, im Folgenden kurz *Wealth of Nations* genannt, markiert als das vielleicht bedeutendste und folgenreichste nationalökonomische Werk überhaupt den Beginn eines ganz neuen wissenschaftlichen Erkenntnisgebietes: der Volkswirtschaftslehre.[7] Gleichwohl blieb Smiths Wirken nicht auf die Wirtschaftstheorie beschränkt. Von ihm selbst weit höher gewürdigt als *Wealth of Nations* ist das im Jahr 1759 veröffentlichte Werk *The Theory of Moral Sentiments*[8], in welchem Smith historische Positionen der Ethik reflektiert und eine eigene deskriptiv-ethische Theorie[9] entwickelt. Im Ganzen ist Smiths Werk daher als „Trias von Ethik,

---

4 Lebensdaten: 1723 – 1790
5 Hart, M. (2003), S. 221.
6 dt.: Eine Untersuchung über Natur und Wesen des Wohlstands der Nationen
7 Vgl. Eckstein, W. (1925), S. XXIII.
8 dt.: Die Theorie der ethischen Gefühle
9 Da Smith keine Sollensforderungen stellt, wird die durch ihn vertretene Ethik i.d.R. als deskriptiv bezeichnet. Dies zeigt sich nach Ansicht des Autors weniger deutlich an Smiths expliziten Ausführungen, als vielmehr darin, dass Smith es vermeidet, seinem Kriterium der Sittlichkeit – bspw. in Form von Imperativen – normative Kraft zu verleihen.

Ökonomik und Politik"[10] zu verstehen, in welcher der Ökonomik keineswegs das Primat zukommt.

Aufgrund der herausragenden Bedeutung von Adam Smith für die Entwicklung der volkswirtschaftlichen Theorie soll in diesem Kapitel das der Smith'schen Ökonomik zu Grunde liegende Menschenbild untersucht werden. Das Ziel dieser Ausführungen besteht darin, die informationelle Grundlage zu skizzieren, auf deren Basis im anschließenden Kapitel der homo oeconomicus als grundlegende Verhaltensannahme in der Ökonomik beschrieben sowie die Verarbeitung dieser Annahme in der normativen Wirtschaftsethik nach Karl Homann dargelegt werden soll. Als Hintergrund der vorliegenden Untersuchung dienen dabei die genannten zwei Hauptwerke des Adam Smith.

Im Versuch der Klärung des Menschenbildes nach Smith fällt auf, dass die den Menschen prägenden Handlungsmotive in den beiden Hauptwerken Smiths in ihrem Wesensgehalt scheinbar voneinander abweichen: Während Smith den Menschen in der *Theory* als ein soziales Wesen, welches an Gemeinsinn, Gerechtigkeit und Altruismus interessiert ist, schildert, erscheint der Mensch in *Wealth of Nations* als weitgehend selbstinteressiertes Individuum, dessen Handeln vom Nutzen, den es durch einzelne Handlungen erlangt, bestimmt ist. Diesen Nutzen gilt es möglichst zu maximieren. Dennoch haben Smiths Biographen beide Hauptwerke als „Teile *eines* Kurses über Moralphilosophie"[11] aufgefasst. Die folgenden Ausführungen dienen dazu, diesen vermeintlichen Widerspruch aufzulösen und ein Verständnis der Smith'schen Ethik zu ermöglichen.

Smiths Ethik basiert im Wesentlichen auf der Beschreibung von Beobachtungen des Zusammenwirkens mensch-

---
[10] Manstetten, R. (2003), S. 234.
[11] Eckstein, W. (1925), S. LVI.

licher Individuen und der durch Smith vorausgesetzten Einrichtung dieser Interaktionsmechanismen durch die Natur, mithin Gott.[12] So konstatiert er, dass eine von wechselseitiger Liebe und Zuneigung geprägte Gesellschaft zwar in Glück und Harmonie bestehen würde. Für das Fortbestehen einer Gesellschaft seien diese positiven gegenseitigen Gefühle – durch Smith als Wohlwollen bezeichnet – jedoch keine notwendige Voraussetzung. Andererseits könne eine Gesellschaft „zwischen solchen Menschen nicht bestehen, die jederzeit bereit sind, einander wechselseitig zu verletzen und zu beleidigen. In dem Moment, in dem (...) wechselseitiger Groll und Gehässigkeit platzgreifen, werden alle Bande der Gesellschaft zerbrochen und all die verschiedenen Glieder, aus denen sie bestand, werden gleichsam durch die Gewalt und den Widerstreit ihrer disharmonierenden Gefühle zerstreut (...)."[13] Da ein solches von Grund auf antagonistisch konzipiertes Umfeld den „zwei Hauptabsichten der Natur" – Erhaltung des Individuums und Fortpflanzung der Gattung – widersprechen würde, hat, so Smith, die Natur „die Mittel auf die genaueste und kunstvollste Weise den Zwecken angepasst"[14], indem dem Menschen die Fähigkeit gegeben wurde, gerecht zu sein.[15] Erst die Anlage zur Gerechtigkeit im Smith'schen Sinne befähige das Indi-

---

12 Smith sieht die zweckgerichtete Einrichtung der Natur als Ausdruck der Weisheit Gottes. Jeder Einzelne erscheint hierbei als „Mitarbeiter der Gottheit [mit dem Ziel] die Pläne der Vorsehung ihrer Verwirklichung näher" zu bringen. Smith, (1759), S. 251.
13 Smith, A. (1759), S. 128.
14 Smith, A. (1759), S. 129.
15 Smith interpretiert das Universum als ein in sich zweckmäßig organisiertes Ganzes, in dem alle Teile auf ein Ziel hin ausgerichtet seien. In dieser teleologischen Weltsicht offenbart sich Smiths Glaube an die Weisheit Gottes, welche in den Hauptabsichten der Natur zum Ausdruck kommt. Vgl. Manstetten, R. (2000), S. 234 f.

viduum, die Gemeinschaft der Menschen zu sichern. Mit Gerechtigkeit ist hierbei die Fähigkeit gemeint, für einen Gegenstand oder ein Individuum dieselbe Achtung zu hegen, „wie er es nach der Ansicht eines unparteiischen Zuschauers verdienen würde"[16]. Die hierfür notwendige Disposition, „angesichts der Freude oder des Glücks anderer selbst Freude fühlen und angesichts ihres Leids oder Elends Leid zu empfinden"[17], – bei Smith Sympathie genannt – ist dem Menschen durch die Natur gegeben.

Basierend auf der so beschriebenen Natürlichkeit des Menschen entwickelt Smith die Grundlagen seiner Ethik, die systematisch wie folgt benannt werden können:

(1) Die Fähigkeit zur Sympathie in Verbindung mit der Anlage zur Gerechtigkeit ist das Fundament der Moral, oder, wie Smith es nennt, das Prinzip der Billigung, d. h. das Prinzip, welches uns „gewisse Handlungen als sittlich wertvoll und andere als sittlich wertlos oder gar verwerflich erscheinen lässt"[18].

(2) Das Kriterium der Moral – in Smiths Formulierung die Frage danach, welches Verhalten sittliche Billigung verdient – besteht in dem Standpunkt des unparteiischen Zuschauers. „Anders ausgedrückt: gut ist diejenige Handlung oder Charaktereigenschaft, die uns auch dann noch als gut erscheint, wenn wir sie von dem Standpunkt des (vorgestellten) unparteiischen und wohlinformierten Zuschauers aus betrachten (...)."[19]

---

[16] Smith, A. (1759), S. 455. In dieser Wortbedeutung schließt sich Smith nach eigener Aussage Platon an.
[17] Eckstein, W. (1925), S. LXI.
[18] Eckstein, W. (1925), S. LXIII.
[19] Eckstein, W. (1925), S. LXIII.

Für den hier untersuchten Sachverhalt des Menschenbildes nach Adam Smith bedeutet dies, dass der Mensch ein grundsätzlich von einer Vielzahl an Handlungsmotiven geleitetes Wesen ist. Fundamental für das Zusammenwirken in einer Gesellschaft und das Fortbestehen derselben sei jedoch allein die Fähigkeit zur Sympathie (im oben definierten Sinne) in Verbindung mit der Anlage zur Gerechtigkeit. Diese natürliche Begabung werde, so Smith, durch die ursprünglichen selbstinteressierten Neigungen des Menschen, aufgrund derer uns „der Verlust oder Gewinn eines ganz kleinen eigenen Vorteils von ungeheuer größerer Wichtigkeit als die bedeutendste Angelegenheit eines anderen Menschen"[20] erscheint, herausgefordert. Inwiefern der Mensch nun in der Lage sei, sich über dieses Selbstinteresse hinaus zu transzendieren, hänge von dem Grad ab, in dem er es vermag, im internen Widerstreit mit dem Standpunkt des unparteiischen Zuschauers diesem zu gehorchen. Der Standpunkt der Unparteilichkeit – in obiger Systematik als zweite Grundlage der Smith'schen Ethik bezeichnet – ist dabei als Ideal zu verstehen. Während (a) der Tugendhafte diesem Ideal in Form *universellen* Wohlwollens sehr nahe kommt, beschränkt sich (b) der (gute) Staatsbürger auf die Sorge für seine eigene Glückseligkeit, die seiner Familie und Freunde sowie seines direkten Umfelds. Die dritte durch Smith genannte Kategorie der (c) *bloß* gerechten Menschen zeichnet sich immerhin dadurch aus, dass sie andere Individuen gerecht, d. h. ohne ihnen Schaden zuzufügen, behandelt.[21] Diese dritte Kategorie, welche Gerechtigkeit also als negative Tugend im Sinne des Unterlassens von Unrecht versteht, ist für die Gesellschaft als ganze und die Wirtschaft im Besonderen von *basaler* Bedeutung. Die

---

20 Smith, A. (1759), S. 125 f.
21 Vgl. Manstetten (2000), S. 248 ff.

darüber hinaus gehenden Motive – soziale, altruistische, ethische – des Tugendhaften sowie des (guten) Staatsbürgers betrachtet Smith als „Verzierung"[22] – als Motive also, welche durchaus vorhanden (und für das individuelle Wohlbefinden von großer Bedeutung), jedoch für das bloße Funktionieren einer Gesellschaft nicht elementar seien. Dies ist der Grund, weshalb Smith sich bei der Konzeption wirtschaftswissenschaftlicher Zusammenhänge auf den ausschließlich gerecht, d. h. nicht feindlich, aber selbstinteressiert, Handelnden beschränken und von anderen Motiven menschlichen Handelns abstrahieren konnte.

Gleichwohl äußert Smith seine Bedenken gegenüber einer so geschaffenen gerade überlebensfähigen (weil gerechten) Gesellschaft, indem er konzediert, dass diese keineswegs einen „erfreulichen Anblick"[23] biete. Und er begründet diese Ansicht damit, dass er den ausschließlich selbstinteressiert Handelnden als borniert, einseitige und in ihrem Blick verengte Person beschreibt, die wesentliche Fragen, welche die Allgemeinheit betreffen, vernachlässigt. „Vor diesem Hintergrund (...) kann das Leben eines wirtschaftenden Menschen, dessen Geist nicht über die Wirtschaft hinauszublicken vermag (...) sogar als ein insgesamt verfehltes erscheinen."[24]

Immerhin: die Bedingung der Sympathie in Verbindung mit der Anlage zur Gerechtigkeit garantiert dem Individuum auf diese Weise ein Mindestmaß an Sicherheit, welches als notwendige Voraussetzung für die freie Entfaltung einer Persönlichkeit angesehen werden kann. Gleichwohl stellt sich die Frage, inwiefern das Prinzip des Nichtschadens allein es vermag, das Funktionieren einer Gesell-

---

[22] Smith, A. (1759), S. 128.
[23] Manstetten (2000), S. 257.
[24] Manstetten (2000), S. 258.

schaft nachhaltig zu sichern. Schließlich ist nicht unmittelbar ersichtlich, wie die durch Smith explizit anerkannten egoistischen Handlungsmotive diese Nachhaltigkeit unterstützen: „Die Rücksicht auf unser eigenes Glück und auf unseren persönlichen Vorteil erscheint (...) als ein sehr lobenswertes Prinzip des Handelns."[25] Die Antwort hierauf gibt Smith in seinem *Wealth of Nations*: Indem der Einzelne nach seinem individuellen Vorteil strebe, leiste er den bestmöglichen Beitrag zur Steigerung des allgemeinen Wohls. „Allerdings strebt [der Einzelne] in der Regel nicht danach, das allgemeine Wohl zu fördern, und er weiß auch nicht, um wie viel er es fördert. [Vielmehr] hat er nur seine eigene Sicherheit im Auge, und indem er diese (...) Tätigkeit so leitet, dass ihr Produkt den größten Wert erhalte, verfolgt er lediglich seinen eigenen Gewinn (...)."[26] Voraussetzung dafür, dass dennoch die Gesellschaft als ganze profitiert, sei die *invisible hand*, die unsichtbare Hand, welche das individuelle Streben nach persönlichen Vorteilen so leite, dass im Endeffekt das Gemeinwohl gefördert würde.

In der Idee der unsichtbaren Hand kommt Smiths Skepsis gegenüber den Möglichkeiten sozialer Planung, sein Realismus bezüglich der Macht der Eigeninteressen, seine Hoffnung auf darüber hinaus gehende Handlungsmotive zur Förderung einer nicht nur funktionierenden, sondern gar erfreulichen Gesellschaft sowie sein Vertrauen in die durch Gott geschaffene gute Ordnung derselben besonders deutlich zum Ausdruck.[27] Darüber, was unter der unsichtbaren Hand konkret zu verstehen ist, hat es jedoch immer wieder abweichende Auffassungen gegeben. Grundsätzlich handelt es sich hierbei um ein Gesellschaftsmodell, welches einen

---

25 Smith, A. (1776), S. 235.
26 Smith, A. (1776), S. 235.
27 Vgl. Manstetten (2000), S. 262.

freien Handel ermöglicht und also die Freiheit eines Jeden so gering wie möglich einschränkt, jedoch andererseits die Basis für ein nachhaltiges Funktionieren der Gesellschaft sicherstellt. Oft ist in diesem Kontext die Losung des *laisser faire* genannt worden. Eine derartigen Empfehlung korrespondiert jedoch nur dann mit der Smith'schen Lehre, wenn die Umstände so gestaltet sind, dass diese das langfristige Fortbestehen der Allgemeinheit nicht gefährden. Zur Gestaltung der politisch-rechtlichen Rahmenbedingungen in diesem Sinne ist der Staat verpflichtet, der darüber hinaus auf umfangreiche Regulierungen und Handelsbeschränkungen verzichtet.[28] Kern der Forderung nach der unsichtbaren Hand ist also die Schaffung „institutioneller Arrangements"[29], die es vermögen, „dass es selbst im Interesse schlechter [aber selbstinteressierter] Menschen liegt, im Sinne des allgemeinen Wohls zu handeln"[30]. Oder anders formuliert: Die unsichtbare Hand sorgt dafür, dass der bloß gerecht Handelnde – indem er selbstinteressiert agiert – zum Wohle der Gemeinschaft unbewusst aber gezielt beiträgt.

Der eingangs skizzierte vermeintliche Widerspruch zwischen den Smith'schen Menschenbildern in der *Theory* einerseits und dem *Wealth of Nations* andererseits ist durch diesen Zusammenhang weitgehend entschärft: Laut Smith ist es eben gerade die menschliche Eigenschaft der Selbstinteressiertheit, welche als Triebfeder des Wachstums die Gesellschaft am meisten fördere, *sofern* institutionelle Regeln dafür sorgen, dass die Energie des Einzelnen auch dem Wohle der Allgemeinheit zugute kommt. Den neben der freien Selbstentfaltung mannigfaltigen Interessen der

---

[28] Vgl. Manstetten (2000), S. 146.
[29] Starbatty, J. (2006), S. 11 (Internetquelle 1).
[30] Hume, D. (1875), S. 99.

Menschen – vor allem sozialen, altruistischen und moralischen Interessen – ist im Ergebnis damit auch in *Wealth of Nations* weitgehend Rechnung getragen, indem der selbstinteressiert Handelnde als Voraussetzung dafür gesehen wird, dass eine Gesellschaft ihren Wohlstand überhaupt zu mehren vermag.

Schließlich ist zu konstatieren, dass um die Komplexität ökonomischer Zusammenhänge erklären zu können, der Ökonom Adam Smith von der Vielschichtigkeit der Motive menschlichen Handelns abstrahieren und den Menschen im *Wealth of Nations* als ein im Wesentlichen von Selbstinteresse geleitetes Wesen skizzieren musste, dessen zentrales Anliegen in der Maximierung des eigenen Nutzens besteht. Nur mithilfe dieser Vereinfachung der realen Welt konnte es Smith gelingen, die Mechanismen freier Märkte in einem logischen Gesamtkontext zu modellieren. Diese notwendige Reduktion komplexer Zusammenhänge mit dem Ziel der Erstellung eines ökonomischen Modells mag insofern helfen, die skizzierten vermeintlichen Widersprüche aufzulösen und die Vorstellungen vom menschlichen Handeln in der Theory und im Wealth of Nations als zwei Ausprägungen desselben Menschenbildes des Adam Smith zu erkennen.

2.2 Das Konzept des homo oeconomicus

In Kapitel 2.1 ist das für die Smith'sche Ethik sowie die Entwicklung der klassischen Wirtschaftstheorie grundlegende Menschenbild skizziert worden. In diesem Kontext ist deutlich geworden, dass – vor dem Hintergrund angemessener „institutioneller Arrangements"[31] – das selbstinteressierte Streben des Einzelnen nach einer Maximierung des Eigennutzes in Smith'scher Terminologie eine günstige Grundlage für gesellschaftliches Wachstum und den Wohlstand der Allgemeinheit repräsentiert.

Auf dem Weg zur Verständniserlangung über die sich aus dieser Annahme ergebenden theoretischen und praktischen Konsequenzen soll im vorliegenden Abschnitt diese grundlegende Verhaltensannahme, welche im Konzept des homo oeconomicus zum Ausdruck kommt, näher beleuchtet werden.[32]

„Eine Person handelt rational, wenn ihre Handlungen im Hinblick auf die Ziele dieser Person sinnvoll erscheinen. Handlungen sind im Hinblick auf die Ziele einer Person sinnvoll, wenn sie als ein gutes Mittel gelten können, diese Ziele zu erreichen."[33]

Der homo oeconomicus kann als Wesen definiert werden, welches rational im so zitierten Sinne agiert. Über die Ziele ist damit jedoch noch nichts gesagt. Die den homo oeconomicus kennzeichnende Handlungsdisposition besteht nun darin, dass dieser die ihm zur Verfügung stehenden Handlungsmöglichkeiten in Bezug auf ihre Vor- und

---

[31] Starbatty, J. (2006), S. 12 (Internetquelle 1)
[32] Die Ausführungen erscheinen dabei vor dem Hintergrund, dass Adam Smith selbst zwar durch die in seinem ökonomischen Hauptwerk skizzierten Handlungsweisen als Begründer des homo oeconomicus gilt, diesen jedoch terminologisch abweichend verfasst hat. Smith spricht – statt vom homo oeconomicus – vom commercial spirit, der eine ausschließlich kommerzielle Gesinnung des Eigeninteresses widerspiegelt, und grenzt diesen vom public spirit ab, welcher eine Gesinnung, die auf Gemeinsinn und Rücksichtnahme auf andere Gesellschaftsmitglieder basiert, kennzeichnet. Für die inhaltliche Deutung beider Phänomene macht die begriffliche Unterscheidung jedoch keinen Unterschied.
[33] Kohler, G. (1994), S. 109ff.

Nachteile – ökonomisch gesprochen Nutzen und Kosten – analysiert, gegeneinander abwägt und schließlich diejenige Alternative wählt, die ihm den höchsten Nettonutzen verspricht. „Menschliches Verhalten wird somit in diesem Modell als (...) Nutzenmaximierung unter Nebenbedingungen bei Unsicherheit interpretiert."[34]

Über die Deutung des homo oeconomicus als grundlegende Annahme für menschliches Verhalten in der Ökonomik hat es von Anfang an heftige Debatten[35] gegeben. Um es daher gleich deutlich zu sagen: Der homo oeconomicus ist – auch wenn der Begriff *homo* dies nahe zu legen scheint – kein Mensch im lebensweltlichen Verständnis. Vielmehr ist dieser als Theoriekonstrukt aufzufassen, welches geschaffen worden ist, um die Interaktionsmuster zu erklären, die in Dilemmastrukturen unter zu Grunde Legung eines ökonomischen Rationalitätsmodells[36] systematisch zu erwarten sind.[37] Oder anders und unter Bezugnahme

---

34 Kirchgässner, G. (1991), S. 14.
35 Manstetten sieht in der engen Verbundenheit der in Bezug auf den homo oeconomicus verwendeten Begrifflichkeiten mit der vorwissenschaftlichen Sprache einen Grund dafür, dass dieser immer wieder als reales, lebensweltliches Phänomen missverstanden worden ist. Vgl. Manstetten, R. (2000), S. 90 f.
36 Das ökonomische Rationalitätsmodell – in Abgrenzung zum sozialwissenschaftlichen oder diversen philosophischen rationalitätstheoretischen Ansätzen – betrachtet Rationalität und Eigennutzmaximierung als identisch.
37 Vgl. Homann, K. (2004), S. 76f. Als Dilemmastrukturen werden dabei Situationen bezeichnet, in denen „eine Person oder eine Gruppe zwischen mindestens zwei einander widersprechenden Handlungs- bzw. Unterlassungsoptionen zu entscheiden hat, wobei jede Alternative zumindest auf den ersten Blick (...) starke oder gar zwingende Gründe auf ihrer Seite hat" (Brune, J.P. (2006), S. 331.) Auf Ansätze zum Umgang mit derartigen Dilemmasituationen wird in Kapitel 2.2 sowie 4 eingegangen.

auf Adam Smiths *Wealth of Nations* über die Betonung der Eigennutzorientierung hinaus gehend formuliert: Der homo oeconomicus repräsentiert die (theoretische) Handlungsdisposition, die – bei Vorliegen adäquater „institutioneller Arrangements"[38] – sowohl den Eigennutz des Akteurs als auch den Gesamtnutzen der Gemeinschaft am besten fördert.

Wenn dabei im Folgenden vom homo oeconomicus die Rede ist, so wird damit nicht der *rationale Trottel* bezeichnet, der – engstirnig und kurzfristig denkend – allein den unmittelbaren Nutzen einer jeden Handlung zur Grundlage seiner Entscheidung macht. Vielmehr ist hiermit der *raffinierte homo oeconomicus* gemeint, der durchaus soziale und moralische Regeln kennt, sich aber nur nach ihnen richtet, wenn es ihm etwas nutzt. Zudem wird der Eigennutz auch nicht nur punktuell auf die unmittelbaren Folgen einer Handlung beschränkt, sondern es werden sämtliche relevanten (zukünftigen) Konsequenzen dieser Handlung reflektiert.[39] Nur auf diese Weise ist der homo oeconomicus mit dem begriffsimmanenten Rationalitätspostulat vereinbar.

Da sie für den Erkenntnisgewinn im weiteren Verlauf dieses Buches keine Rolle spielen, soll auf die zahlreichen Kritiken an dem viel besprochenen und oft missverstandenen Konzept des homo oeconomicus nicht detailliert eingegangen werden. Die obigen Ausführungen zeigen, dass der Charakter des homo oeconomicus als Theoriekonstrukt weder einen Anspruch auf große Realitätsnähe erhebt noch normativ formuliert ist. Die zahlreichen Vorwürfe, der homo oeconomicus zöge die den Menschen in wesentlicher Weise ebenfalls handlungsleitenden altruistischen, morali-

---

[38] Starbatty, J. (2006), S. 11 (Internetquelle 1).
[39] Vgl. Ambrasat, J. (2006), S. 66.

schen und sozialen Motive nicht in Betracht und stellten den Menschen daher realitätsfern dar, erübrigen sich daher ebenso wie die Kritik, der homo oeconomicus sei aus ethischer Perspektive eine unmoralische Person, der „wir in der Wirklichkeit unserer Alltagserfahrung nie begegnen"[40] wollten. Letztlich – und darauf kommt es an dieser Stelle an – repräsentiert der homo oeconomicus ein theoretisches Konzept, welches sich – wie selbst Dahrendorf konzediert – bei der Analyse ökonomischer Zusammenhänge[41] als durchaus tauglich erwiesen hat.[42] Diese Erkenntnis und die *normative Entlastung* des homo oeconomicus in dessen ursprünglicher Fassung soll die Grundlage bilden für die in den folgenden Kapiteln dargelegten Ausführungen.

---

40 Kirchgässner, G. (1991), S. 28.
41 Unter ökonomische Zusammenhänge sind die durch Smith und spätere Wirtschaftswissenschaftler untersuchten Phänomene von Tauschvorgängen, Produktions- und Konsumtionsprozessen sowie Angebots- und Nachfragestrukturen auf Güter-, Arbeits- und Kapitalmärkten zu verstehen.
42 Vgl. Dahrendorf, R. (1967), S. 129f.

3. Die Ethik der Wirtschaft – eine Kritik

3.1 Die wirtschaftsethische Konzeption nach Karl Homann

Die bisherigen Erläuterungen haben den deskriptiven Charakter der Grundlagen klassischer Wirtschaftstheorie deutlich werden lassen, welche dadurch gekennzeichnet ist, dass zwar Annahmen skizziert und Kausalitäten dargelegt werden, jedoch auf die Formulierung von expliziten Sollensforderungen verzichtet wird. Karl Homann baut auf diesen Grundlagen nun auf, indem er den Anspruch artikuliert, basierend auf den Erkenntnissen über die Funktionsbedingungen der Wirtschaft eine Wirtschaftsethik zu etablieren, welche sich in normativer Weise anschickt, moralische Vorstellungen von Wirtschaft und Gesellschaft mitzugestalten.[43] Die wirtschaftsethische Theorie von Karl Homann kann insofern als normative Weiterentwicklung der Smith'schen Wirtschaftstheorie interpretiert werden. Da diese Tatsache sie zu einem aus moralphilosophischer Perspektive adäquaten Untersuchungsgegenstand macht, soll im Folgenden die Homann'sche Wirtschaftsethik skizziert und diese in einem zweiten Schritt kritisch betrachtet werden.

Die erste grundlegende Annahme der Wirtschaftsethik Karl Homanns besteht darin, dass das Gesamtresultat einer Volkswirtschaft – und mithin die Lebenslage der sie konstituierenden Individuen – als das Ergebnis eines Prozesses zu

---

43 Vgl. Homann, K. (1991), S. 33.

verstehen ist, welcher durch den Einzelnen nur noch marginal beeinflusst werden kann. Vor dem Hintergrund eines so verstandenen Bildes über die Interdependenzen in der modernen Gesellschaft schlussfolgert Homann eine Unmöglichkeit, die Komplexität der durch anonyme Austauschprozesse und die Beteiligung zahlreicher Akteure geprägten Wirkungsketten durch individuelle Moral zu steuern.[44]

Gleichzeitig – und darin besteht die zweite Grundannahme Homanns – sieht sich der Einzelne ständig mit der Notwendigkeit konfrontiert, in vielschichtigen Kontexten Entscheidungen zu treffen. Die in diesem Zusammenhang bestehende Herausforderung ergibt sich nun daraus, dass die moderne Wirtschaft in ihrer Angewiesenheit auf komplexe Kooperationen zwar potentiell ihre Leistungsfähigkeit erheblich erhöht, aber auch – in Ermangelung der unmittelbaren sozialen Kontrolle in der Kleingruppe – die Ausbeutung einzelner Akteure ermöglicht. Unter Ausbeutung wird hierbei die Schlechterstellung solcher Individuen verstanden, die in dilemmatischen und anonymen Situationen in Vorleistung getreten sind, indem sie in der Hoffnung auf positive Resonanz anderer Akteure zu ihrem eigenen Nachteil gehandelt haben. Wer daher eine dauerhafte Ausbeutung seiner selbst verhindern will, muss in Dilemmastrukturen selbstinteressiert, d. h. auf den eigenen Vorteil achtend, agieren. In den Termini der Spieltheorie wird diese grundsätzliche Handlungsdisposition als Defektionsstrategie (in Abgrenzung zur Kooperationsstrategie), oder genauer und in Bezug auf die Vermeidung eigener Nachteile konkreter formuliert als Strategie der präventiven Gegendefektion bezeichnet.[45]

---

[44] Vgl. Homann, K. (1991), S. 34.
[45] Vgl. Homann, K.; Lütge, C. (2004), S. 24 ff.

Angesichts dieser beiden Annahmen – der Unmöglichkeit der individuellen Steuerung von Ergebnissen komplexer Wirkungszusammenhänge und der Notwendigkeit, zur Vermeidung individueller Nachteile in Dilemmastrukturen selbstinteressiert (defektierend) zu handeln – schlussfolgert Homann, dass das Gesamtresultat einer Volkswirtschaft und der dadurch ermöglichte Wohlstand des Volkes nicht vom Wohlwollen der einzelnen Akteure abhängen dürfe, sondern durch die Wirtschaftsordnung und die durch sie konstituierten Spielregeln bestimmt werden müsse. Homann plädiert damit für eine Zweistufigkeit der Ethik: Auf einer ersten Stufe sind die Bedingungen zu entwickeln – d. h. Strukturen zu gestalten und Institutionen zu etablieren –, nach denen die Individuen sich auf einer zweiten Stufe zu richten haben, um Sanktionen zu vermeiden oder Anreizen zu folgen. Sämtliche moralischen Forderungen beschränken sich also auf die Ebene der Handlungsbedingungen, deren Beeinflussung wiederum den einzelnen Akteuren im Rahmen ihrer Möglichkeiten zusteht.

Damit erreicht die Homann'sche Wirtschaftsethik theoretisch zweierlei: Erstens wird der Einzelne von der unmöglichen und auch aus moralphilosophischer Perspektive problematischen Forderung entlastet, durch Befolgung ethischer Ansprüche zu seinem eigenen Nachteil zu handeln, was langfristig in Frustration und dauerhafter (Gegen-) Defektion resultieren würde.[46] Und zweitens wird durch die Chance zur Gestaltung einer Wirtschaftsordnung im Rahmen eines demokratischen Entscheidungsfindungsprozesses

---

46 Hierzu Homann: „Eine moralische Norm hat keine Gültigkeit, solange ihre Durchsetzung nicht sichergestellt ist. Die Gültigkeit von Normen wird in Dilemmastrukturen (...) von ihrer empirischen Implementation abhängig." (Homann, K. (2004), S. 37.)

sowie die Schaffung eines adäquaten Sanktions- und Anreizsystems garantiert, dass die so etablierten Regeln die durch eine Mehrheit gewünschten volkswirtschaftlichen Resultate erbringen sowie der Einzelne in seinem selbstinteressierten Streben nicht ausgebeutet, sondern im Sinne des Wohlstandes aller geleitet wird.

So verstanden, repräsentiert der homo oeconomicus nach Homanns Ansicht nicht nur die zu erwartende Handlungsdisposition in dilemmatischen Entscheidungsstrukturen, sondern eine an den vernunftgeleiteten Menschen gerichtete (moralische) Forderung. Nur auf diese Weise kann erreicht werden, dass die durch eine Mehrheit gewünschte Vorstellung von der Gesellschaft umgesetzt und deren Bestand durch ein dichtes Netz an Regeln und Sanktionsmechanismen garantiert wird – ohne dass der Einzelne zum eigenen Nachteil handelt, wenn er statt eigennützig gemeinwohlorientiert[47] agiert. Oder anders und mit erneutem Bezug zu David Hume formuliert, geht es um die Schaffung solcher institutioneller Rahmensetzung, „dass es selbst im Interesse schlechter [aber selbstinteressierter] Menschen liegt, im Sinne des allgemeinen Wohls zu handeln"[48].

---

[47] Unter gemeinwohlorientiertem Handeln wird in der vorliegenden Arbeit ein bewusstes Verhalten verstanden, welches darauf abzielt, einen auf die Gemeinschaft der Menschen bezogenen und durch diese subjektiv empfundenen allgemeinen guten Zustand zu bewirken. Gemeinwohlorientiertes Handeln grenzt sich von bloß eigennützigem Verhalten ab, welches darin zum Ausdruck kommt, dass nicht die Interessen einer größeren Gruppe von Individuen, sondern allein die Motive des Akteurs für dessen Handeln maßgeblich sind.
[48] Hume, D. (1875), S. 99.

3.2 Kritische Reflexionen der Homann'schen Wirtschaftsethik

Die Qualität einer ökonomischen Theorie beweist sich in deren Fähigkeit zur Erklärung und Prognose realwirtschaftlicher Entwicklungen. Die Güte einer ethischen Theorie besteht in ihrer Chance zur Anwendung. Für eine wirtschaftsethische Konzeption bedeutet dies den besonderen Anspruch, der Dynamik wirtschaftlicher Entwicklungen ebenso gerecht zu werden, wie der berechtigterweise an moralphilosophische Systeme gerichteten Kohärenzforderung. Die folgenden Ausführungen dienen daher dem Versuch, die wirtschaftsethische Konzeption von Karl Homann in Bezug auf diese beiden Anforderungen zu untersuchen und mithin Aufschluss über deren praktische Plausibilität und Anwendbarkeit zu gewähren.

3.2.1 Die Dynamik der realwirtschaftlichen Entwicklung

Seit einigen Jahren sieht sich die Weltwirtschaft mit einer Entwicklung konfrontiert, die unter dem begrifflichen Phänomen der Globalisierung ebenso Hoffnungen wie Ängste subsummiert. Aus dem ursprünglich positiv besetzten Begriff, welcher das Zusammenwachsen der Güter-, Arbeits- und Kapitalmärkte als Chance für die gesamte Weltwirtschaft im Sinne einer ständigen Verbesserung der Lebensbedingungen der Menschen meint, ist in den Köpfen vieler ein unscharfer Begriff geworden. Die gegenüber der realwirtschaftlichen Globalisierung weitaus größere Dynamik der Finanzmärkte – sowohl bezüglich des Umfangs als auch der Volatilität der internationalen Kapitalströme – erscheint für viele nur noch schwer nachvollziehbar[49] und stellt einen besonderen Hintergrund für die hier besprochene wirtschaftsethische Konzeption von Homann dar.

Kern dieser Szenerie ist die folgende zunehmende Divergenz: Seit dem Entstehen der Märkte im Nationalstaat des 17. Jahrhunderts bis hin zum Aufstieg des regulierten Wohlfahrtsstaates im 20. Jahrhundert war es stets die Disziplin des Rechts, also das Zusammenwirken wirtschaftlicher Entwicklung mit den rahmensetzenden demokratischen Institutionen, welche die Freiheit des Marktes sicherstellten. Freie Volkswirtschaften wuchsen in demokratischen Staaten heran, in ihnen wurden sie gefördert, vor dem Überborden bewahrt und kontrolliert. Nicht zuletzt die auf nationalen und internationalen Prinzipien basierende Ordnungspolitik intendierte die Vermeidung der negativen Konsequenzen des dem Kapitalismus inhärenten Problemgeflechts.[50]

Wie Richard R. Barber in seinem kritischen Essay „Der Kapitalismus und sein globales Dilemma" ausführt, ist diese geschichtliche Symmetrie zwischen Demokratie und Kapitalismus während der letzten 20 Jahre abhanden gekommen. „Die allumfassenden Verfahrensweisen der Globalisierung schufen eine ironische und radikale Asymmetrie, die direkt bis zum Kernpunkt des Dilemmas des Kapitalismus vorstößt."[51] So sei es zwar gelungen, die Märkte für Waren, Arbeitskräfte, Devisen und Informatio-

---

49 Vgl. Utzig, S. (2003), S. 727.
50 Vgl. Barber, R. (2002), S. 621. Als wesentliche Charakteristika dieses Problemgeflechts sieht Barber insbesondere extreme Einkommensunterschiede und das Aufkommen der sozialen Frage für erhebliche Bevölkerungsschichten sowie die aus beiden Problembereichen resultierenden Chancenungleichheiten der Menschen.
51 Barber, R. (2002), S. 621.

nen zu globalisieren, nicht aber die bürgerlichen und demokratischen Einrichtungen. „Mit der Globalisierung der Demokratie wurde noch nicht einmal begonnen. (...) Sie ist im Zwinger des Nationalstaates gefangen."[52]

Zweifelsohne sind insbesondere nach dem 2. Weltkrieg supranationale Institutionen wie die Weltbank, der IWF und später die aus dem GATT hervorgegangene WTO geschaffen worden – Einrichtungen, deren erklärtes Ziel in der Förderung des privaten Sektors im Interesse allgemeinen Zuwachses an Wohlstand liegt. Jedoch haben die rasanten Entwicklungen auf den Finanzmärkten während der 1990er Jahre, die zunehmende Offenheit dieser und die Herausbildung alternativer Finanzinstrumente zu ganz neuen, anspruchsvolleren Notwendigkeiten bei der internationalen Aufsicht und Regulierung geführt. Zudem haben der finanzielle Kollaps ganzer Volkswirtschaften wie z. B. Argentinien, die japanische Bankenkrise und die infolgedessen jahrelang von Stagnation geprägte Wirtschaft des Landes, spektakuläre Unternehmenspleiten weltweit sowie die sogenannte *Subprime*-Krise im US-amerikanischen Immobiliensektor, welche das Vertrauen in Märkte und Institutionen nachhaltig getrübt haben, die Notwendigkeit zum Handeln verdeutlicht.

Die bestürzende Erkenntnis, dass in den oben genannten Krisen keiner der marktwirtschaftlichen Kontrollmechanismen, die das individuelle Gewinnstreben erst zu einer allgemeinen Wohlstandsmehrung werden lassen, rechtzeitig gegriffen hat[53], muss die Zuversicht in die Möglichkeit zur Regulierung, d. h. zur effizienten Allokation der Ressourcen der Welt, und in die Wirksamkeit der *invisible hand* merklich tangieren. Immerhin basiert die Homann'sche

---

52 Ebenda, S. 622.
53 Vgl. Utzig, S. (2002), S. 594.

Wirtschaftsethik auf genau diesem Konstrukt. Und auch wenn die Krisen der Vergangenheit nicht ohne Weiteres auf zukünftige Entwicklungen projiziert werden können, so zeigt sich doch die erhebliche Schwierigkeit – wenn nicht Unmöglichkeit –, die zentrale Voraussetzung Homanns in der realwirtschaftlichen, d. h. globalen, Praxis zu erfüllen: In Entscheidungssituationen, in denen das einzelne Wirtschaftssubjekt dem regulierenden Organ in vorausschauender Erkenntnis über sich infolge der realwirtschaftlichen Dynamik auftuende Regulierungslücken stets einen Schritt voraus ist, steht das durch die Regulierung advokatorisch vertretene Gemeinwohl zurück. Damit ist zweierlei gesagt: Erstens sind die Anreize zur Defektion, die Homann eigentlich hatte ausräumen wollen, nicht gemindert, sondern sie bestehen unverändert fort. Und zweitens führt das individuelle selbstinteressierte Streben keineswegs zu dem durch eine Mehrheit gewünschten Resultat, sondern im Zweifel lediglich zu einem: dem selbstinteressiert verfolgten Ziel des Einzelnen.

In Bezug auf die Anwendbarkeit der Wirtschaftsethik von Homann auf die realwirtschaftliche Praxis ist daher zu schlussfolgern, dass diese moralphilosophische Konzeption damit ihrer wesentlichen Prämisse beraubt ist. Die konstatierte praktische Unmöglichkeit der Schaffung eines dichten Netzes an Regeln und Sanktionsmechanismen, die in der Lage wären, durch selbstinteressiertes Handeln stets auch die Erhöhung des Gemeinwohls zu garantieren, wirkt auf die Norm zurück, stets selbstinteressiert zu agieren, da auf diese Weise das durch eine Mehrheit gewünschte oder gar moralisch gebotene Resultat nicht erzielt werden kann.

Denn wer in Ermangelung wirksamer Sanktionsmechanismen *schlau* genug war, Regulierungslücken für sich zu nutzen, defektiert ohne die Handlungsbedingungen zu verletzen.

3.2.2 Die Forderung nach Kohärenz

Die zweite zu untersuchende Anforderung an Homanns Wirtschaftsethik besteht in dem Anspruch auf Kohärenz, d.h. auf Übereinstimmung der auf den Bereich der Wirtschaft projizierten moralphilosophischen Postulate mit der oder den durch uns bejahten ethischen Überzeugungen weiterreichender Horizonte. Diese Ansicht basiert auf der Überzeugung, dass die Wirtschaft nicht als ein in sich geschlossenes System, sondern als Teil eines umfassenden Lebenskreises zu betrachten ist und also gesamtheitliche moralische Antworten fordert – ohne dabei bereichsspezifische Besonderheiten zu negieren.

Zu den durch die meisten Menschen bejahten ethischen Überzeugungen gehört die Grundlage der Freiheit des Individuums. Diese besteht in der Regel zum einen in der Abwesenheit von Einschränkungen, Hemmnissen und Zwängen (negativer Freiheitsbegriff) und zum anderen in der Möglichkeit, das eigene Wollen auch in die Tat umsetzen zu können (positiver Freiheitsbegriff). Erst beide Dimensionen des Begriffes Freiheit zusammen konstituieren dessen Sinn, da die negative Freiheit zunächst lediglich die Chance, aber nicht auch bereits die Wirklichkeit, d. h. den tatsächlichen Gebrauch der Freiheit begründet.[54]

---

[54] Vgl. Wildfeuer, A. (2006), S. 358f.

Dass Freiheit nie unendlich sein und auch durch niemanden in dieser Weise gewünscht werden kann, wird im kontraktualistischen Argument am beeindruckendsten dargelegt. Demnach verpflichten sich freie Individuen unter der Bedingung der Wechselseitigkeit dann zur Aufgabe natürlicher Freiheiten, wenn der Verlust an individueller Freiheit durch einen Gewinn an erstrebenswerten Gütern überkompensiert wird. In seiner staatsphilosophischen Variante entwickelt der Kontraktualismus das Naturzustandstheorem, „um das protagonistische unendlich freie Individuum zu dem legitimationsstiftenden Verzicht auf die natürliche Freiheit zu motivieren"[55]. Unter legitimationsstiftend ist hierbei die Herrschaftslegitimation des Staates durch freiwillige Selbstbeschränkung aus eigenem Interesse zu verstehen – dem Interesse, einen hypothetischen gesetzlosen vorstaatlichen Zustand zu verlassen, um eine weitgehend friedliche Koexistenz der Individuen zu ermöglichen.

Gleichwohl gilt, dass was der Mensch im Interesse eines Zugewinns an Sicherheit und Planbarkeit für das eigene Leben an individueller Freiheit aufzugeben bereit ist, nicht in Bezug auf ein jedes Gut und eine jede Situation analog projiziert werden kann. Anders formuliert: Im Spannungsverhältnis zwischen dem, was im Kontraktualismus als Moral bezeichnet wird, und Freiheitsmotiven des Einzelnen ist die Zweckdienlichkeit der Zustimmung zu wechselseitiger Einschränkung relativ zur Ausgangssituation aller Beteiligten, zum Vertragsinhalt und zu den Zielvorstellungen der Individuen zu betrachten.[56] Bestehen demnach die Situationsmerkmale nicht, die es als begründet erscheinen lassen, dass sich die Einzelnen auf einen sich gegenseitig verpflichtenden Vertrag einigen würden, so ist zu schlussfol-

---

55 Kersting, W. (2006), S. 168.
56 Vgl. Kersting, W. (2006), S. 166.

gern, dass ein so konzipierter Kontrakt nicht zu Stande käme. Schließlich ist der Mensch in der Regel nur dann bereit, Einbußen (an Freiheit) zu akzeptieren, wenn der dadurch erzielte Zugewinn (zum Beispiel an Sicherheit) den Verlust nach subjektivem Empfinden überkompensiert.

Zweifelsohne denken bei weitem nicht alle Menschen heutzutage in den Kategorien, die der Kontraktualismus als hypothetisches Erklärungsmodell dafür entwickelt, dass der Mensch selbst als ausschließlich selbstinteressiertes Wesen dennoch ein (Eigen-) Interesse an Moral (im kontraktualistischen Sinne) hätte, da diese ihm den notwendigen Schutz bietet, seine Freiheit im positiven Wortsinne überhaupt erst auszuüben. Soziales Engagement, Gemeinsinn, Empathie und Wohlwollen sind Realität und dürfen nicht leichtfertig verleugnet werden. Gleichwohl stellt sich vor dem Hintergrund einer ebenfalls nicht zu negierenden Tendenz des Subjektivismus, der Dekontextualisierung und der Individualisierung auch die Frage, inwiefern sich gesamtgesellschaftliche Interessen mit spezifischen Glücksvorstellungen vereinbaren lassen und inwieweit eine Einschränkung individueller Freiheitsrechte durch eine Orientierung am Gemeinwohl gerechtfertigt werden kann.

In Bezug auf die Homann'sche Wirtschaftsethik ist festzustellen, dass um tatsächlich der erklärten Zielsetzung Folge zu leisten, mithilfe eines Sanktions- und Anreizsystem von Regeln bei einem jeden individuellen Handeln das Gemeinwohl zu mehren, dieses Regelsystem – gerade vor dem Hintergrund der beschriebenen realwirtschaftlichen Dynamik – so dicht sein müsste, dass es den Einzelnen in seiner Freiheit erheblich mehr einschränken würde, als dieser zu akzeptieren bereit wäre. Selbst wenn eine derartige Regeldichte wirksam etabliert werden könnte, so wäre doch der Verlust an Freiheit für zahlreiche Menschen nicht mit deren individuellen Lebensentwürfen zu vereinbaren. In der Frage, inwiefern die Wirtschaftsethik Karl Homanns also kohärent mit den durch viele Menschen bejahten moralischen Überzeugungen ist, bleibt daher zu konstatieren, dass zumindest solche moralphilosophischen Konzeptionen, welche die Moral in teleologischer Weise zum Instrument des individuellen Glücksempfindens erklären, einem in Homann'scher Manier verstandenen Regelsystem und der damit verbundenen Freiheitseinschränkung entgegen stehen.

Zur Vervollständigung der Diskussion sei angemerkt, dass Homann die gesellschaftliche Signifikanz *moralischer Innovatoren* einräumt – solcher Menschen also, die „trotz fehlender Rahmenbedingungen moralische Vorleistungen bringen"[57]. Jedoch bleibt unklar, wie aus den durch Homann beschriebenen Bedingungen – der durchgängigen Annahme des Eigeninteresses – moralische Innovatoren hervorgehen und welche Auswirkungen diese auf die geforderte normative Gestaltung der Ordnungsebene ausüben können. In Ermangelung diesbezüglicher Klarstellungen bleibt zu schlussfolgern, dass in dem bereits erwähnten Spannungsfeld zwischen den Interessen der Allgemeinheit und den Interessen der Individuen erstere zu Lasten letzterer überbetont werden. Oder kürzer formuliert: Homann nimmt die individuellen Freiheitsinteressen der Menschen nicht ernst. Dabei ist diese Akzentuierung im beschriebenen Spannungsfeld nur allzu verständlich und vor dem Hintergrund der ehrgeizigen Zielsetzung Homanns, ein Regelsystem zu etablieren, welches es vermag, die selbstinteressierten Handlungen einzelner *Spieler* in solche Bahnen zu lenken, dass die Allgemeinheit von diesen profitiert, nicht ohne

---

[57] Gerlach, J. (2002), S. 249.

Sympathie. Gleichwohl gebieten die an eine Wirtschaftsethik zu richtende Forderungen der Kohärenz und der Umsetzbarkeit realistische, tragfähige und den Menschen und ihren Überzeugungen entsprechende Lösungen. Von einer solchen kann angesichts der aufgezeigten Schwächen der Homann'schen Konzeption in ihrer dargestellten Fassung keine Rede sein.

4. Moral im Alltag – die Herausforderung des Einzelnen

4.1 Die Grenzen der Moral als gesetztes Recht

Müssen wir uns – der obigen Argumentation folgend – also von sämtlichen Regelsystemen, deren Ziel die Etablierung von Normen für das Zusammenleben von Individuen ist, verabschieden, da diese stets notwendigerweise mit der Einschränkung der Freiheit des Einzelnen einhergehen? Nein, die in Kapitel 3 aufgeführten Argumente implizieren mitnichten die Illegitimität einer jeden Begrenzung der menschlichen Selbstbestimmung. Vielmehr gibt es eine überwältigende Anzahl an Argumenten, welche die Existenz von Gesetzen zum Schutz des Einzelnen vor der Willkür des Anderen – aber auch vor der Willkür des Staates – gut zu rechtfertigen vermögen. Wo immer es um lebenswichtige Unterlassungsvorschriften – „das Verbot der Tötung, der Körperverletzung, des Diebstahls, des Betruges etc."[58] – geht, stimmt ein dieses Unterlassungen zementierendes Regelsystem mit den Überzeugungen und Interessen letztlich aller Menschen überein und steht also außer Frage. Zumindest diese zentralen Regeln „müssen daher durch die institutionellen Mechanismen des Strafrechts abgesichert werden"[59]. Wo es zudem im Interesse aller liegt, die wechselseitige Verlässlichkeit der Kooperation nicht allein der

---

[58] Bayertz, K. (2004), S. 260.
[59] Bayertz, K. (2004), S. 260.

Moral zu überlassen, muss ein ausgefeiltes Privatrecht deren Defizite kompensieren.[60]

Gleichwohl zeigt das oben angeführte Kohärenzargument, dass es Bereiche des Lebens gibt, in denen Interessen unterschiedlicher Akteure miteinander kollidieren und die Einschränkung des Einen zur Durchsetzung der Vorstellungen des Anderen problematisch ist. In der Regel geht es hierbei um die Begrenzung der Freiheiten des Stärkeren (z.B. des Unternehmers) zugunsten der sozialen Sicherheit des Schwächeren (z.B. des Arbeitnehmers). Bei Vorliegen einer so gestalteten Dilemmastruktur ist es eben, wie in Kapitel 3.2.2 ausgeführt, nicht ohne weiteres ratsam, das staatliche Regelsystem zum Vorteil des Schwächeren zu verdichten – selbst wenn dieser sich mit Gleichgesinnten in der Mehrheit befindet –, da die dadurch tangierten Freiheitsinteressen als wesentliche Grundlage der Verwirklichung individueller Lebensentwürfe einer solchen Einschränkung entgegen stehen.

Vor dem Hintergrund dieses Dilemmas unterscheidet die Ethik systematisch zwischen einer Moral im engeren Sinne und einer Moral im weiteren Sinne. Während erstere sich ausschließlich auf menschliches Handeln gegenüber anderen Menschen bezieht und das Ziel verfolgt, Menschen vor der Zufügung von Schaden durch andere zu schützen, ist die Moral im weiteren Sinne als Richtschnur menschlichen Handeln zu verstehen, deren Fokus deutlich breiter definiert häufig darin besteht, die *gute Lebensführung* zu bestimmen und über den Menschen hinausgehende Phänomene – z. B. die belebte und unbelebte Natur – als Objekte der Moral anzuerkennen. In ihrer fundamentalen Bedeutung für das menschliche Zusammenleben, aber auch für den Schutz des

---

60 Vgl. Bayertz, K. (2004), S. 260.

Einzelnen vor der Willkür der Anderen muss es das Ziel der Menschheit sein, die Moral im engeren Sinne (im Verständnis einer Minimalmoral) als singuläre, das heißt über nationalstaatliche und kulturelle Grenzen hinweg gültige Überzeugung konsensfähig zu gestalten. Es besteht daher weitgehend Übereinkunft darüber, dass eine Moral im engeren Sinne „in dem Maße, wie sie in den Motiven und Einstellungen ihrer Adressaten nicht hinreichend verankert ist, auf ein Recht angewiesen [ist], das nonkonformes Verhalten bei Freistellung der Motive und Einstellungen erzwingt"[61]. Das durch Nationalstaaten und supranationale Organisationen etablierte Recht kann also als ein Versuch verstanden werden, die Moral im engeren Sinne zu institutionalisieren und damit zur Geltung kommen zu lassen.[62]

Gerade dieser Universalitätsanspruch gilt angesichts der inter- und intrakulturell divergierenden Ansichten für die Moral im weiteren Sinne jedoch nicht. So gehört es zu den großen Errungenschaften des 20. Jahrhunderts, dass abweichende Lebensentwürfe in Teilen der Welt heute nicht mehr diffamiert und Menschen mit von der Mehrheit der Überzeugungen unterschiedlichen Zielsetzungen nicht mehr verfolgt werden – so lange diese nicht mit den beschriebenen Fundamentalinteressen der Menschen, deren Durchsetzung Inhalt der Moral im engeren Sinne ist, kollidieren. Und dennoch stellt sich die Frage, wie in genau diesem Bereich der Moral im weiteren Sinne dafür gesorgt werden kann, dass der Einzelne – indem er defektierend, das heißt allein aus Eigeninteresse und ohne Beachtung der negativen Konsequenzen seiner Handlungen für zahlreiche Menschen agiert – dazu motiviert oder gezwungen werden kann, eben nicht selbstinteressiert, sondern im Sinne des Gemeinwohls

---

61 Habermas, J (1992), S. 148.
62 Vgl. Bayertz, K. (2004), S. 260.

zu handeln. Angesichts der in Kapitel 3.2 ausführlich besprochenen praktischen und moralischen Problematik der Anwendung der Homann'schen wirtschaftsethischen Konzeption sowie vor dem Hintergrund der durch die Ethik konzedierten Unmöglichkeit und Unerwünschtheit einer universellen Durchsetzung der eine Moral im weiteren Sinne konstituierenden Wertevorstellungen ist diese Frage bisher unbeantwortet. Oder pointiert formuliert: Was haben wir einer Person, die sich an die Regeln der Moral im engeren Sinne hält, aber darüber hinaus als Amoralist[63] agiert, entgegenzusetzen?

Bevor auf die Möglichkeiten zur Beantwortung dieser Frage in Kapitel 4.3 eingegangen wird, soll zunächst – in einem Exkurs – ein Szenario geschildert werden, welches für den Autor den Ursprung des vorliegenden Buches darstellt und als Hintergrund für die anschließende Diskussion dienen wird.

4.2 Exkurs: Die realwirtschaftliche Praxis – ein Szenario

In den vergangenen Kapiteln ist immer wieder von einem Spannungsfeld die Rede gewesen: dem Verhältnis zwischen dem Selbstinteresse des Akteurs einerseits und dem Gemeinwohl einer größeren Öffentlichkeit andererseits. Was

---

[63] Unter Amoralist wird hierbei eine Person verstanden, die – basierend auf den durch das gesetzte Recht zementierten Regeln der Moral im engeren Sinne – konsequent ihre eigenen Interessen verfolgt und eine Moral im weiteren Sinne als Hindernis wahrnimmt. Ein Amoralist „bezweifelt nicht die Möglichkeit einer sicheren Erkenntnis des moralisch Richtigen; er weiß meist sehr gut, was das moralisch Richtige ist. Aber er bestreitet, dass es für ihn einen hinreichenden Grund gibt, sich daran zu halten" Bayertz, K. (2004), S. 23.

als Konkurrenz ungleicher Interessen durch diese Beschreibung auf abstrakter Ebene hinreichend akkurat benannt ist, stellt sich in der Praxis oft als komplexe Struktur mit Akteuren unterschiedlicher Hintergründe und Motive dar. Je umfassender das Wissen um und der Einblick in diese Strukturen jedoch ist, desto deutlicher wird, dass eine Beurteilung einer solchen dilemmatischen Situation kein simples Unterfangen ist. Vielmehr führt eine differenzierte Bewertung der Sachlage oftmals zu der Erkenntnis, dass es eindeutige Urteile in vielschichtig strukturierten Wirkungszusammenhängen nur selten gibt. Um von der abstrakten Ebene auf dieses Niveau der Betrachtung zu gelangen, dienen die folgenden Ausführungen der Darstellung eines denkbaren, jedoch fiktiven Szenarios, welches in die Wirtschaftswelt des angehenden 21. Jahrhunderts platziert wurde und sich auf den konkreten Handlungsbereich der personalpolitischen Entscheidungen von Unternehmen bezieht. Sollten sich bei der Schilderung gewisser unternehmerischer Praktiken Ähnlichkeiten mit den Vorgehensweisen bestehender Unternehmen ergeben, so sind diese Ähnlichkeiten „weder beabsichtigt noch zufällig, sondern unvermeidlich"[64].

Ein börsennotiertes Unternehmen deutscher Herkunft informiert auf seiner ordentlichen Hauptversammlung über die Geschäftsentwicklung während des abgelaufenen Geschäftsjahres. Der Vorstandsvorsitzende verkündet stolz einen Anstieg des Jahresüberschusses um 50 % auf 10 Mrd. Euro, was einer Umsatzrendite von 10 % entspricht. Um die Anteilseigner – meist Kleinaktionäre – am gewachsenen Erfolg des Unternehmens teilhaben zu lassen, wird die Dividende ebenfalls um 50 % angehoben. Gleichzeitig seien

---

[64] Böll, H. (1974), S. 5.

jedoch weitere operative Verbesserungen vonnöten, so der Vorstandschef in derselben Hauptversammlung, weshalb sich das Unternehmen innerhalb des kommenden Jahres von 5000 Mitarbeitern trennen müsse. Der Stellenabbau sei notwendig, um langfristig erfolgreich im intensiven globalen Wettbewerb bestehen zu können. Zu den Entlassungen gäbe es keine Alternative.

Mit obigen Ausführungen ist das Szenario hinreichend genau skizziert, welches nun kurz, aber systematisch betrachtet werden soll. Zur Strukturierung der Situation dienen dabei als homogen angesehene Kategorien von Personengruppen, welche die wesentlichen Interessengruppen in dieser Situation darstellen. Zu untersuchen ist, wie die jeweiligen Gruppen von Individuen durch die Ankündigung, trotz hoher Gewinne Tausende von Menschen zu entlassen, betroffen sind. Dabei soll von der in solchen Fällen üblichen spontanen emotionalen Betroffenheit abgesehen und nur die unmittelbaren möglichen Folgen betrachtet werden.

Die erste Personengruppe, deren Betrachtung im genannten Zusammenhang relevant ist, besteht aus den *entlassenen Arbeitnehmern*. Die für diese Personen zu erkennenden negativen Folgewirkungen lassen sich in finanzielle Einbußen, psychische und gesundheitliche Aspekte, Konsequenzen für soziale Beziehungen sowie beruflich-laufbahnbezogene Auswirkungen gliedern. Bei Vorliegen einer ungünstigen Arbeitsmarktlage für die durch einen betroffenen Arbeitnehmer ausgeübte Tätigkeit sowie hoher finanzieller Abhängigkeit desselben können die aus der Entlassung resultierenden finanziellen Probleme bis hin zur Bedrohung der wirtschaftlichen Existenz reichen. Ähnliches gilt für die Familien der betroffenen Arbeitnehmer, die mit den ökonomischen, psychologischen und sozialen Folgen umgehen müssen. Zweifelsohne kann die erzwungene berufliche Veränderung für Einzelne auch eine Chance zur Umorientierung bedeuten; jedoch ist davon auszugehen, dass die Mehrheit der entlassenen Arbeitnehmer erhebliche persönliche Veränderungen und Einschnitte wird erdulden müssen.

Die zweite Gruppe relevanter Personen wird durch die im Unternehmen *verbleibenden Arbeitnehmer* – inklusive Management – repräsentiert. Trifft die Aussage des Vorstandsvorsitzenden zu, so ist deren Arbeitsplatz infolge der durch den Jobabbau optimierten Kosten zunächst sicherer geworden. Den verbesserten beruflichen Perspektiven stehen gleichwohl eventuelle Mehrarbeit, ein verschlechtertes Arbeitsklima sowie subjektiv empfundene Unsicherheit bezüglich der eigenen beruflichen Zukunft gegenüber. Zudem führt das durch die Entlassungen hervorgerufene Fehlen formeller und informeller Kontakte im Unternehmen zu erheblichen Aufwendungen, welche durch die verbleibenden Mitarbeiter geleistet werden müssen. Wie die Individuen dieser Gruppe die unternehmerische Maßnahme bewerten, hängt daher nicht zuletzt davon ab, wie unmittelbar jeder Einzelne durch die genannten Faktoren in seinem täglichen Arbeitsablauf sowie seinem Wohlbefinden betroffen ist.

Die *Anteilseigner* des Unternehmens konstituieren die dritte Anspruchsgruppe. Die durch Kostensenkungen erzielten Veränderungen des operativen Geschäfts führen – bei zumindest gleichbleibendem Umsatz – zu einem erhöhten Gewinn, der sich in höheren Dividendenausschüttungen und positiven Aktienkursentwicklungen bemerkbar machen könnte.[65] Im Ergebnis können die privaten Investoren mit

---

65 Hierbei wird davon ausgegangen, dass die Kostensenkungen langfristig wirken und nicht durch die infolge der Entlassungen unmittelbar

höheren monetären Gewinnen aus ihren Anteilen am Unternehmen rechnen, was deren materiellen Wohlstand mehrt. Die Interessen der Aktionäre sind dabei nicht gering zu gewichten, da diese Personengruppe immerhin die – mit vollem Risiko ausgestatteten – Eigenkapitalgeber des Unternehmens darstellen, wofür sie einen gewissen Verzinsungsanspruch des eingesetzten Kapitals erwartet. Wie diese Interessen gleichwohl im Verhältnis zu den Interessen der anderen Anspruchsgruppen zu bewerten sind, soll an dieser Stelle nicht thematisiert werden.

In der vierten Anspruchsgruppe werden *Staat und Gesellschaft* zusammengefasst. Für beide gilt, dass die infolge der Entlassungen zunächst entstehenden Belastungen der Sozialsysteme und Einkommensteuerausfälle potentiell dann (teilweise) kompensiert werden können, wenn das Unternehmen dank der durch geringere Kosten möglichen höheren Gewinne auch höhere Steuern zahlt. Zudem besteht – vor allem bei Massenentlassungen – in den betroffenen Gegenden die Gefahr einer veränderten Sozialstruktur mit negativen langfristigen gesamtwirtschaftlichen und sozialen Folgen für die Region. Allerdings sind Staat und Gesellschaft gleichermaßen an langfristig überlebensfähigen Unternehmen interessiert, da diese für eine fortgeführte Beschäftigung der verbleibenden Arbeitnehmer, Investitionen in neue Produkte sowie Innovationen sorgen. Trifft die durch den Vorstandsvorsitzenden geäußerte Argumentation zu, so ist die unternehmerische Entscheidung zur Entlassung zahlreicher Mitarbeiter aus Sicht der Gesellschaft daher wohl ambivalent zu bewerten.

Die in der Wertschöpfungskette vorgelagerten *Lieferanten* und die nachgelagerten (privaten oder institutionellen)

---

zu erwartenden steigenden Kosten durch zu leistende Abfindungen oder notwendige Lohnfortzahlungen überkompensiert werden.

Kunden stellen die fünfte Personengruppe dar. Unter der Voraussetzung, dass der Fortbestand des Unternehmens tatsächlich durch die Entlassung tausender Arbeitnehmer gesichert wird, und in der Annahme, dass das Unternehmen in seiner Funktion als Nachfrager oder Lieferant nicht ohne weiteres substituiert werden kann, liegt dessen Bestandssicherung im Interesse dieser beiden Anspruchsgruppen. Für Kunden können gesunkene Kosten potentiell zudem sinkende oder zumindest stabile Einkaufspreise bedeuten. Ein zwingender Zusammenhang ist hier gleichwohl nicht gegeben.

In den einleitenden Ausführungen zu vorliegendem Kapitel ist gesagt worden, dass eine differenzierte Kenntnis der Struktur einer Handlungssituation pauschale Urteile erschwert und verfeinerte Antworten erfordert. Die in groben Zügen beschriebene Motivation der fünf wesentlichen Anspruchsgruppen verdeutlicht, dass es Gründe für und gegen die skizzierte unternehmerische Entscheidung zur Entlassung tausender Mitarbeiter bei florierender Geschäftsentwicklung gibt, wenn darin die einzige Möglichkeit besteht, den langfristigen Fortbestand des Unternehmens zu sichern – und die Erkenntnis darüber fordert die sich unmittelbar aufdrängenden spontanen Ansichten heraus.

Es ist nicht das Ziel dieses Buches, in dieser komplexen Dilemmastruktur die Motive der einzelnen Anspruchsgruppen zu bewerten oder gegeneinander abzuwägen. Auch fehlen der Szenariobeschreibung hierzu wesentliche Informationen über die Wettbewerbssituation, die konkreten zur Anwendung kommenden Instrumente zur Personalreduzierung und weitere wichtige Einflussgrößen. Jedoch zeigen die beschriebenen möglichen Folgewirkungen und Motive der jeweiligen Personengruppen deutlich, dass die Vielschichtigkeit der Handlungssituation pauschale und allgemein gültige Antworten unmöglich macht. Vielmehr stellt die konkrete unternehmerische Lage eine zu beachtende Größe dar, ohne deren detaillierte Analyse eine Bewertung der Situation auch aus ethischer Sicht problematisch ist.

In Bezug auf den durch Homann vertretenen Ansatz, das Handeln einzelner Wirtschaftssubjekte durch gesetzliche Regelungen so zu lenken, dass stets das Gemeinwohl positiv befördert wird, zeigt sich gerade in der dargestellten Komplexität eine praktische Unmöglichkeit, generelle Vorgaben für die Legitimität unternehmerischer Personalentscheidungen über das aktuelle Arbeitsrecht hinaus sinnvoll zu gestalten. Zum einen fordert eine jede unternehmerische Lage differenzierte Lösungen, und diesem Anspruch kann mit notwendigerweise allgemein formulierten Gesetzen nicht entsprochen werden. Zum anderen besteht gerade in der Chance, bei Bedarf Personal einstellen, aber in Phasen geringerer Nachfrage auch Personal reduzieren zu können, eine wichtige Stellgröße im Instrumentarium von Unternehmen, flexibel auf marktwirtschaftliche Mechanismen reagieren zu können. Resümierend ist daher mit Bezug zu konkreten unternehmerischen Entscheidungen derart, wie sie im oben skizzierten Szenario benannt worden sind, festzuhalten, dass gesetzliche Einschränkungen der Freiheit des Unternehmertums weder praktisch umsetzbar, noch im Interesse der Allgemeinheit liegen.

Was bedeutet dieses Ergebnis nun, erstens, für die geltenden Arbeitsgesetze der Bundesrepublik Deutschland, und wie verhält sich diese Position, zweitens, zu sonstigen unternehmerischen Entscheidungen?

Das moderne Arbeitsrecht hat seinen historischen Ursprung vor allem in den sozioökonomischen Entwicklungen der Liberalisierung der Wirtschaftsordnung im 19. Jahrhundert und der parallel dazu verlaufenden Industrialisierung. Dass die formale Auflösung der rechtlich gesicherten Herrschaftsgewalt über Personen nicht zur realen Anerkennung der Freiheit und Gleichheit aller Menschen führte, sondern durch eine faktische Abhängigkeit der Individuen von dem die Produktionsmittel besitzenden Stand ersetzt wurde, beförderte notwendige Debatten um die *soziale Frage*. Die vor allem Anfang des 20. Jahrhunderts etablierten Arbeitsschutz- und Sozialversicherungsgesetze sind daher als Antwort auf wachsende Ungleichheiten mit erheblichem Gefährdungspotential für den sozialen Frieden zu verstehen.[66]

In Fortführung dieser Entwicklungen dient die aktuelle Arbeitsgesetzgebung der „Herstellung sozialer Gerechtigkeit und freiheitlicher Gestaltung der Arbeitsbedingungen"[67]. In Anerkennung der Tatsache, dass moderne Industriegesellschaften wechselseitige Abhängigkeiten bedingen, ist es das Ziel der Arbeitsgesetze, den Rahmen für die Gestaltung der konkreten Funktionsbedingungen in der unternehmerischen Praxis zu schaffen. Auf der Grundlage der deutschen Verfassung – hier insbesondere Artikel 3 Absatz 2, welcher die Lohngleichheit von Mann und Frau fordert, Artikel 9, Absatz 3, welcher die Koalitionsfreiheit garantiert, und Artikel 20, der die Bundesrepublik Deutschland zu einer sozialen Politik verpflichtet – regelt die deutsche Arbeitsgesetzgebung elementare, d. h. in einem jeden Arbeitsverhältnis zu bestimmende, Tatbestände und entlastet Arbeitgeber und Arbeitnehmer dadurch von der Notwendigkeit zur Verhandlung dieser Sachverhalte im individualvertraglichen Kontext. Da die Gesetzgebung den Vertragsparteien zudem die Möglichkeit einräumt, über die

---

[66] Vgl. Richardi, R. (2002), S. XIV ff.
[67] Richardi, R. (2002), S. XVI.

bestehenden Arbeitsgesetze hinaus auf tarifvertraglichen, betriebsinternen und arbeitsvertraglichen Ebenen Vereinbarungen zu treffen, ist der Notwendigkeit zur Berücksichtigung konkreter Umstände in den Unternehmen Rechnung getragen. Gleiches gilt für das aus der Kohärenzforderung destillierte Postulat, der Freiheit des Individuums einen hohen Stellenwert einzuräumen, indem derartige Verträge auf der Grundlage der Privatautonomie freiwillig zu Stande kommen. Insofern kann festgestellt werden, dass die geltende Arbeitsgesetzgebung – da sie letztlich im Interesse aller Beteiligten liegt – aus ethischer Sicht zumindest erlaubt, wenn nicht gar geboten, und mit den obigen Ausführungen zu den Bedingungen für gesetzliche Regelungen vereinbar ist.

Die zweite zu klärende Frage lautet, was die oben ausgeführte Position zur gesetzlichen Regelung personalpolitischer Entscheidungen von Unternehmen für andere Areale unternehmerischer Verfügungsbereiche bedeutet. Zu denken wäre hier beispielsweise an die Standortwahl von Unternehmen, oder an die aktuellen Debatten um Mindestlöhne oder Managergehälter. Vor dem Hintergrund der in Kapitel 3.2.2 entwickelten zwei Kriterien, denen gesetzliche Regelungen genügen müssen – der praktischen Umsetzbarkeit bei gleichzeitiger Berücksichtigung situationsspezifischer Besonderheiten sowie der Übereinstimmung mit allgemeinen ethischen Grundsätzen, die im Rahmen der Moral im engeren Sinne bejaht werden –, kann die Antwort hierauf nur darin bestehen, dass für ein jedes Gesetz gute Gründe bestehen müssen, welche durch dagegen sprechende Motive nicht überkompensiert werden. Im Zweifel, welcher die Regel sein und im Abwägen zwischen Freiheitsinteressen einerseits und sozialen Interessen andererseits bestehen dürfte, sind außergesetzliche Regelungen stets der gesetzlichen Manifestierung vorzuziehen. Auf Möglichkeiten zur Schaffung derartiger Arrangements wird im folgenden Kapitel 4.3 weiter eingegangen. An dieser Stelle bleibt zu konstatieren, dass die enorme Komplexität von Entscheidungssituationen in der realwirtschaftlichen Praxis eben auch anspruchsvolle Lösungen erfordert. Wo Simplifizierungen mit dem Ziel der Etablierung allgemeiner Regelungen pauschalieren und verfälschen, wird dieser Forderung nicht genüge getan. Und wo Gesetze den sich aus der Balance von sozialen und realwirtschaftlichen Motiven ergebenden Erfordernissen nicht genügen, da sollten sie unterbleiben.

4.3 Der Einzelne ist gefordert! – Kohärenz im Alltag

4.3.1 Moral ist – und sie will gelebt werden!

Die durch Karl Homann entwickelte und in Kapitel 3 ausführlich diskutierte Wirtschaftsethik basiert auf zwei Annahmen. Erstens sei es unmöglich, die Komplexität der durch anonyme Austauschprozesse und die Beteiligung zahlreicher Akteure geprägten Wirkungsketten in der Wirtschaft durch individuelle Moral zu steuern.[68] Und zweitens befördere die moderne Wirtschaft in ihrer Angewiesenheit auf komplexe Kooperationen die Ausbeutung einzelner Akteure. Aus dem erstgenannten Aspekt der Unmöglichkeit der wesentlichen Beeinflussung größerer Sinnzusammenhänge durch den Einzelnen schlussfolgert Homann, dass der Einzelne im Versuch der Befolgung ethischer Prinzipien nicht überfordert werden dürfe, weshalb er von dem

---

[68] Vgl. Homann, K. (1991), S. 34.

auch aus moralphilosophischer Perspektive problematischen Anspruch, auch zu seinem eigenen Nachteil moralisch zu handeln, entlastet werden müsse. Diese Ansicht ist logisch nachvollziehbar – und dennoch nimmt Homann zwei wesentliche Eigenschaften menschlichen Daseins damit nicht ernst, welche über die in Kapitel 3.2.2 diskutierte Kritik hinaus genannt werden müssen.

Die erste Eigenschaft menschlicher Existenz besteht in der lebensweltlichen Faktizität von Moral: Anders als in dem durch Homann zu Grunde gelegten Menschenbild impliziert, ist der Mensch kein allein selbstinteressiertes Wesen. Vielmehr verfügen Menschen über ein mehr oder weniger differenziertes System an moralischen Prinzipien, welche speziellen ethischen Theorien ebenso entnommen sind, wie den durch Erziehung, Erfahrung oder lebensweltliche Reflexion entwickelten Anschauungen.

Die zweite im Charakter des Menschen fundierte Disposition besteht in dem Wunsch des Einzelnen, seinen Überzeugungen durch Taten Rechnung zu tragen. Es ist eine psychologische Tatsache, dass Widersprüche zwischen eigenen Ansichten und eigenem Handeln – einfach ausgedrückt – in einem schlechten Gewissen des Akteurs münden. Und es besteht Einigkeit darüber, dass eine dauerhafte derartige Situation Ausdruck eines krankhaften quasischizophrenen Zustandes ist. Mit Blick auf die Handlungen anderer Akteure wiederum ist festzustellen, dass das Abweichen deren Verhaltens von den Überzeugungen eines Individuums zu Empfindungen der Ungerechtigkeit und der Missbilligung führen. Kurz: Der Mensch strebt – in aller Regel – nach der Realisierung seiner Überzeugungen, da er diese für plausibel und gut hält.

Angesichts dieser beiden charakterlichen Eigenschaften und der damit implizierten Verschiedenartigkeit der Interessen der Menschen erscheint die Homann'sche Konzeption nur noch für solche Interessenspektren plausibel, die allen Menschen gemein und für ein kollektives Zusammenleben elementar sind. Diese Aspekte, welche in der Moral im engeren Sinne zum Ausdruck kommen, können mithilfe einer Regelethik nach Homann geregelt werden, da hier von weitgehend kongruenten Interessen der Einzelnen[69] auszugehen und eine Einschränkung der Freiheit des Einzelnen im Sinne der Durchsetzung dieser Interessen geboten ist. Für darüber hinaus gehende Interessengebiete bedarf es jedoch differenzierterer, intelligenterer Antworten, die im folgenden besprochen werden sollen.

4.3.2 Theoretische Grundlagen zum Kohärentismus

Bevor die möglichen Lösungsansätze zur Durchsetzung der in einer Gesellschaft geltenden moralphilosophischen Überzeugungen diskutiert werden, sollen kurz die theoretischen Fundamente des in den vorherigen Kapiteln bereits angedeuteten und für die folgenden Ausführungen grundlegenden ethischen Paradigmas des Kohärentismus dargelegt werden. Hierbei handelt es sich um einen begründungsmethodischen Ansatz, welcher die Funktion der Ethik nicht mehr darin sieht, letztgültige situationsunabhängige normative Prinzipien zu definieren, auf welche ein jeder Handlungszusammenhang zurückgeführt und schließlich in seiner ethischen Qualität entschieden wird. Vielmehr besteht der kohärentistische Begründungsansatz darin, „durch die kritische Rekonstruktion der normativen Textur moralischer Praxis [...] moralische Grundorientierungen [zu bestim-

---

[69] Gemeint sind hier v.a. der Schutz vor Tötung, Körperverletzung, Diebstahl, Betrug. Vgl. Bayertz, K. (2004), S. 260.

men], in ihrem argumentativen Zusammenhang auf Kohärenz [zu prüfen und ggf. zu revidieren] und schließlich im Lichte konkreter Kontextbedingungen tiefenscharfe Beurteilungen moralischer Problemlagen zu ermöglichen"[70]. Die moralische Grundorientierung setzt sich dabei aus moralphilosophischen Konzeptionen, Hintergrundtheorien der Psychologie und Soziologie, intuitiven Elementen sowie durch Tradition, Erfahrung und elterliche Erziehung zusammen und bildet – durch gezielte praxisorientierte ethische Reflexion – ein kohärentes Überzeugungssystem, welches sich in seiner Übereinstimmung mit den Überzeugungen der Individuen selbst begründet. Auf diese Weise wird an bestehenden gesellschaftlichen Konsens angeknüpft und unter Bezugnahme auf menschliche Interessen sowie in Anerkennung ihrer legitimen Verschiedenheit kontextsensitiv die Angemessenheit, Durchsetzbarkeit und Zumutbarkeit konkreter Handlungen evaluiert.[71]

Allerdings setzt der Kohärentismus hohe Ansprüche an die Reflexion und Begründung derartig konstituierter Überzeugungssysteme. In Entsprechung dieser Ansprüche besteht die primäre Aufgabe der kohärentistischen Ethik darin, „die Summe der bestehenden Überzeugungen und deren durch Metaüberzeugungen bestimmte Hierarchie mittels systematisierender Überlegungen in einen kohärenten Zusammenhang zu bringen"[72]. In dieser Kombination aus Kontextsensitivität einerseits und Reflexion grundsätzlicher Perspektiven andererseits äußert sich die Chance der Ethik, ihrer ursprünglichen Aufgabe nachzukommen, Handlungsorientierung in solchen Situation zu liefern, in denen wir uns auf unsere moralische Intuition nicht verlassen können,

---

[70] Badura, J. (2006), S. 194.
[71] Vgl. Bayertz, K. (1999), S. 196.
[72] Badura, J. (2006), S. 196.

sondern eben der ethischen Reflexion bedürfen. Verkürzt formuliert: Die Ethik beschränkt sich nicht mehr darauf, „in ein Wolkenkuckucksheim aprioristischer Moralkonstruktionen zu entschweben, die mit unserem Alltagsverständnis von Moral nichts mehr zu tun haben"[73], sondern „die ethische Theorie bewährt sich in ihrer Anwendung"[74].

Für das vorliegende Buch und den in ihm thematisierten Untersuchungsgegenstand bedeutet dies folgendes: Da in den obigen Ausführungen festgestellt worden ist, dass es einer Individualmoral bedarf, um über die Moral im engeren Sinne hinausgehende Kooperation zu ermöglichen, stellt sich die Frage, aus welchen Quellen sich diese individuelle Moral speisen soll. Schließlich bestehen mit unterschiedlichen ethischen Theorien, theologischen Systemen und intuitiven Überzeugungen eine Vielzahl möglicher Ursprünge für diese. Der Kohärentismus bietet für diese Frage eine verbindende und plausible Antwort, indem er die diversen Quellen der Moral zusammenbringt und das dadurch entstehende Überzeugungssystem als Grundlage der ethischen Reflexion ernst nimmt. Für die angewandte Ethik ergibt sich hieraus die Chance und Herausforderung gleichermaßen, die so entstandenen Überzeugungen in einen widerspruchsfreien Sinnzusammenhang zu bringen und – basierend auf den dadurch geschaffenen kohärenten moralphilosophischen Grundsätzen – Normen zu definieren, in denen sich die Menschen mit ihren Überzeugungen wiederfinden, die sie bejahen, an denen sie ihre Taten rechtmäßig messen wollen und nach deren Erfüllung sie zu streben bereit sind. Die lebensweltliche Faktizität der Moral wird systematisiert, hinterfragt, von Widersprüchen befreit und zur Richtschnur der guten Lebensführung, wie sie die Moral im

---

[73] Koller, P. (1979), S. 195.
[74] Nida-Rümelin, J. (1997), S. 194.

weiteren Sinne zum Ziel hat. Auf diese Weise kann Moral erlebbar gestaltet werden – es käme auf einen Versuch an!

4.3.3 Perspektiven der Anwendung

Ausgehend von unseren individuellen und kollektiven moralischen Überzeugungen stellt sich im Versuch der Anwendung meist die Frage, wie wir diesen Ansichten Geltung verschaffen können. Im Versuch der Beantwortung dieser Frage stößt der Einzelne nicht selten auf Widerstände – bei sich selbst, bei seinen Mitmenschen, oder bei den Umständen, welche zu komplex erscheinen, als dass der Einzelne zu Veränderungen befähigt wäre. Bevor diese Überlegungen aber überhaupt angestellt und die möglichen Nachteile aus uneigennützigem Engagement kalkuliert werden können, steht oft ein ganz anderer Aspekt unbeantwortet: die Frage nach der Verantwortung.

Der Mensch hat überall dort Verantwortung für sein Handeln, wo er Einfluss auf seine Umwelt ausübt. In größeren Sinnzusammenhängen mag diese Verantwortung auf viele Menschen zutreffen – das Hungerproblem in Afrika ist ein solches Beispiel, aber auch die Wahrnehmung aktiver Bürgerpflichten als Wähler, oder die Beeinflussung der Personalpolitik des Unternehmens, an welchem man als Anteilseigner Aktien hält. Gleichwohl irrt, wer glaubt, dass durch die Verteilung der Verantwortung in größeren Kontexten der Einzelne weniger verantwortlich für sein Tun oder Unterlassen sei. Vielmehr könnte argumentiert werden, dass mit der wachsenden Dimension eines Anwendungsfeldes die Notwendigkeit zur Wahrnehmung individueller Verantwortung eher noch zunimmt. Nur stellt sich natürlich hierbei die Frage, mit welchen Mitteln was konkret erreicht werden kann. Die folgenden Ausführungen sind als Versuch einer ersten groben Antwort zu verstehen. Der legitime Anspruch an den Menschen, seiner Verantwortung durch aktives Tun oder Unterlassen gerecht zu werden, ergibt sich aus der Forderung, in Übereinstimmung mit den eigenen moralischen Überzeugungen zu handeln. Wer als vernunftbegabtes Wesen gelten will, darf nicht im Widerspruch zu seinen Prinzipien agieren – es sei denn, die Umstände erfordern dies zur Vermeidung nicht akzeptabler Nachteile. Selbstredend differieren die Grenzen der Tolerierbarkeit von Nachteilen zwischen Individuen, und es gehört zum Theoriekonstrukt des Kohärentismus, die Verschiedenartigkeit der Menschen anzuerkennen. Jedoch sind diese Grenzen nicht beliebig flexibel, sondern sie spiegeln eine Hierarchie von Gütern wider, die durch ethische Reflexion, religiöse Einflüsse und individuelle Erfahrung geprägt ist. Daraus ergibt sich ein gewisses Maß an Übereinstimmung, welches in kollektiven Überzeugungen zum Ausdruck kommt. Wenn daher vom Einzelnen verlangt wird, in Übereinstimmung mit seinen individuellen Überzeugungen zu handeln, so wird Kohärenz eingefordert und an die charakterliche Disposition der Integrität[75] appelliert – nicht mehr, aber eben auch nicht weniger! Wer dazu nicht bereit ist, negiert seine Autonomie. Und genau *das* haben wir dem in Kapitel 4.1 genannten Amoralisten, der sich an

---

75 Unter Integrität werden nach hier zu Grunde gelegtem Begriffsverständnis vier zentrale Bedeutungsdimensionen zusammengefasst: Selbsttreue als die Übereinstimmung von moralischen Überzeugungen und individuellem Lebensvollzug; Rechtschaffenheit als innere Instanz, welche die moralische Zulässigkeit des jeweiligen Lebensvollzuges prüft; Integriertheit als Kohärenz individuellen Verhaltens mit kollektiven moralischen Überzeugungen und Ganzheit als Zustand, der allein dann eintreten kann, wenn Integrität in jeder der drei genannten Hinsichten vorhanden ist. Vgl. Pollmann, A. (2005), S. 15.

die Regeln der Moral im engeren Sinne hält, aber darüber hinaus ausschließlich eigennutzorientiert agiert, entgegenzusetzen.

Natürlich sind viele Menschen bereit, zur Durchsetzung ihrer Anschauungen auch eigene Nachteile zu akzeptieren. Oftmals mangelt es jedoch an Klarheit darüber, was der Einzelne konkret tun kann. Dabei liegen die individuellen Einflussmöglichkeiten in den realen Entscheidungssituationen meist auf der Hand. Unter Bezugnahme auf das in Kapitel 4.2 skizzierte Szenario sollen diese Potentiale des Einzelnen kurz aufgezeigt werden – nicht, um ein umfassendes Bild der möglichen Handlungsfelder darzulegen, aber doch im Sinne der Zielsetzung, beispielhaft zu erläutern, was der Einzelne auch in größeren Kontexten zu tun vermag. Dabei wird zwischen drei Perspektiven der Anwendung unterschieden werden, welche in der Enge ihrer Beziehung zu dem betreffenden Unternehmen abnehmen.

Die erste Perspektive der Anwendung und Umsetzung bezieht sich auf die Ebene des *Anteilseigners*. Wie bereits ausgeführt, sind die Anteilseigner Eigentümer am Unternehmen, welche für die Bereitstellung von vollständig haftendem Eigenkapital in der Regel Mitspracherechte erwerben, die sie im Rahmen jährlich stattfindender Zusammenkünfte – den Hauptversammlungen – ausüben können. Natürlich bezieht sich dieses Stimmrecht nicht direkt auf die Einflussnahme auf das operative Geschäft und einzelne unternehmerische Entscheidungen. Gleichwohl obliegt es der Summe dieser Stimmrechte, im Rahmen der Hauptversammlung den Vorstand zu entlasten, das heißt seine Arbeit gutzuheißen, oder den Aufsichtsrat, der über die Besetzung des Vorstandes bestimmt, zu wählen. Gleichzeitig verfügt ein jeder Aktionär über das Recht, wahrheitsgetreu über die wirtschaftliche Lage des Unternehmens sowie Aussichten für die Geschäftsentwicklung informiert zu werden, sowie die reale Möglichkeit, auf der Hauptversammlung zu reden, Anträge zu stellen und direkt mit dem Vorstand und anderen Aktionären zu kommunizieren. Für die vorliegend diskutierte Frage, welche Chancen der Einzelne in seiner Funktion als Aktionär hat, die Durchsetzung seiner moralischen Überzeugungen zu forcieren, ergibt sich aus den genannten Rechten und Möglichkeiten ein breites Portfolio an Handlungsfeldern, deren Wahrnehmung vor allem dann geboten erscheint, wenn die tatsächliche Unternehmenspolitik von den Überzeugungen des Einzelnen abweicht.

Natürlich hängt die reale Beeinflussbarkeit unternehmerischer Entscheidungen nicht zuletzt eng mit dem Anteil der in Streubesitz befindlichen Aktien sowie der Möglichkeit zur eigenen Teilnahme an der Hauptversammlung zusammen. Auch mag die Wahrscheinlichkeit zur Überzeugung einer Mehrheit der Anteilseigner nicht immer sehr hoch sein. Jedoch besteht in genau dieser (geringen) Aussicht die Chance, eigenen Überzeugungen entsprechend das Unternehmen, an welchem der Aktionär beteiligt ist, zu lenken und bestehenden Dissens zwischen den eigenen Idealen und den Unternehmenszielen aufzuzeigen. Besteht dieser Widerspruch dennoch fort, so muss ein Aktionär sich die Frage stellen, ob die mit seiner Beteiligung an diesem Unternehmen verbundene Befriedigung monetärer Interessen über den eigenen moralischen Überzeugungen steht – und bei Verneinung dieser Frage seine Unternehmensanteile verkaufen. Auch diese Handlung ist dann nicht als bloßer Rückzug, sondern als aktive Willensbekundung zu verstehen, die in der Aggregation zahlreicher analoger Handlungen bis hin zum Verfall des Aktienkurses führen und die Attraktivität des Unternehmens als Investition negativ beeinflussen kann. All dies mag verdeutlichen, dass der einzelne Aktionär über eine Vielzahl an Einflussmöglichkeiten verfügt, deren Nutzung ihm allein obliegt. Wer daher in dem in Kapitel 4.2 skizzierten Szenario die Entlassung tausender Arbeitnehmer bei gleichzeitig hohen Gewinnen des Unternehmens nicht mit seinen eigenen Überzeugungen vereinbaren kann, der sollte seiner Unzufriedenheit eine Stimme geben und gegen diese Maßnahmen aufbegehren – aus Gründen der Kohärenz, des Selbstbewusstseins, der Integrität.

Die zweite hier zur Diskussion gestellte Perspektive der Anwendung bezieht sich auf die Ebene der *Kunden*. Diese treten als institutionelle oder private Nachfrager bestimmter Erzeugnisse – sowohl materialer Produkte als auch Dienstleistungen – in Erscheinung und sind für ein jedes Unternehmen eine notwendige Voraussetzung für wirtschaftlichen Erfolg. Gleichwohl gibt es auch in Marktwirtschaften monopolistische oder oligopolistische Strukturen, welche die Nachfrager in eine von ihren Anbietern abhängige Position bringen können. Von dieser Konstellation sei aus Vereinfachungsgründen im vorliegenden Zusammenhang abgesehen.

Die potentielle Macht des Kunden wird dabei oftmals unterschätzt. Gleiches gilt jedoch für das Engagement, welches erforderlich ist, um die potentielle Macht auch im Sinne des Kunden zu nutzen. Daraus entsteht häufig eine Resignation vor den fehlenden Einflussmöglichkeiten auf die Anbieter, die dem tatsächlichen Verhältnis zwischen Anbietern und Nachfragern nicht gerecht wird.

Die potentielle Macht des Kunden äußert sich im Wesentlichen in drei Kategorien. Zum einen besteht die Möglichkeit, die eigene Nachfrage nach den durch das anbietende Unternehmen offerierten Produkten zu reduzieren oder einzustellen und stattdessen alternative Anbieter zu wählen.

Dies mag im Zweifel mit erhöhten Kosten bei der Beschaffung dieses Produktes einhergehen. In diesem Zwiespalt bedarf es des Abwiegens zwischen den eigenen moralischen Überzeugungen und den monetären Interessen des Kunden. Die zweite Kategorie der potentiellen Einflussnahme von Nachfragern besteht in der Wahrnehmung der mittlerweile zahlreichen Kommunikationsplattformen zur Diskussion der Qualität von Produkten und zum Vergleich der diese Erzeugnisse fertigenden Unternehmen und der dortigen Schaffung von Transparenz. Zwar wirkt dieser Weg zur Aufklärung anderer Kunden nur indirekt auf die Unternehmenspolitik ein. Jedoch ist davon auszugehen, dass die Öffentlichkeitsabteilungen größerer Unternehmen die in diesen Foren diskutierten Trends – inklusive der potentiellen negativen Konsequenzen für die Nachfrage nach ihren Produkten – sehr genau analysieren. Die dritte Einflussmöglichkeit besteht schließlich im direkten Kontakt mit den Unternehmen. Die hohe Bedeutung, die ein aktives Beschwerdemanagement bei den meisten Unternehmen genießt, spricht dafür, dass auch die Einflussnahme auf unternehmenspolitische Entscheidungen durch Nachfrager Erfolgspotentiale beinhaltet.[76] Zusammengenommen verfügt ein jeder Kunde also über diverse Möglichkeiten, einen bestehenden Dissens zwischen den eigenen moralischen Überzeugungen und der Politik eines Unternehmens zu verdeutlichen.

---

[76] Die Aussage basiert auf einer gemeinsamen Studie der MATERNA GmbH und der Universität Dortmund, der zufolge mehr als die Hälfte der befragten Unternehmen ein aktives Beschwerde-Management betreiben und weitere 26 % derartige Projekte planen. Das primäre Ziel der Unternehmen, ein Beschwerde-Management zu betreiben, besteht in der Erhöhung der Kundenzufriedenheit. (Vgl. Internetquelle 2)

Die dritte und mit der geringsten direkten Nähe zu einem Unternehmen ausgestattete Anspruchsgruppe ist die *allgemeine Öffentlichkeit*, die weder als Aktionär, noch als Nachfrager der durch das betreffende Unternehmen abgesetzten Produkte in Erscheinung tritt. Interessanterweise resultiert aus dieser weniger engen Beziehung lediglich ein verändertes Profil der direkten Einflussmöglichkeit, während das Potential zur konkreten Chance, seine Missbilligung über unternehmenspolitische Entscheidungen gegenüber dem Unternehmen zu artikulieren, unverändert vergleichsweise hoch bleibt. Um es daher kurz zu sagen: Dem (vermeintlich unbeteiligten) Bürger obliegt die Wahrnehmung der Teilnahme an Diskussionsforen ebenso wie der direkte Kontakt mit den Öffentlichkeits- und Beschwerde-Management-Abteilungen der Unternehmen. Zudem besteht für die allgemeine Öffentlichkeit wie für alle anderen Anspruchsgruppen gleichermaßen die Möglichkeit, über mediale Organe oder Vertreter der Politik Ansichten kundzutun und Einfluss auf die Meinungen von Entscheidungsträgern oder einer kritischen Masse von Personen und mithin die Entscheidungen von Unternehmen auszuüben.

Die drei in ihren Einflussmöglichkeiten auf Unternehmen kurz skizzierten Personengruppen – Aktionäre, Kunden und Vertreter der allgemeinen Öffentlichkeit – zeigen beispielhaft deutlich, dass die Chance, unternehmenspolitische Entscheidungen zu prägen, keine theoretische Alternative, sondern ein konkretes praktisches Handlungsfeld darstellt. Gerade die große Relevanz der praktischen Umsetzbarkeit, deren fehlende Existenz auf die zu Grunde liegende Norm zurückwirken müsste, führte für die vorliegenden Ausführungen dazu, dass von der Betrachtung zweier anderer Anspruchsgruppen an einem Unternehmen abgesehen worden ist: Arbeitnehmer und auch Lieferanten stehen in einem Abhängigkeitsverhältnis zu dem sie beschäftigenden bzw. dem nachfragenden Unternehmen, welches in konfrontativen Situationen leicht in Nachteilen für diese beiden Personengruppen resultieren kann. Dies trifft für die behandelten drei Perspektiven der Anwendung nicht zu. Von einer Überforderung des Einzelnen, widerstreitende Tendenzen zwischen den eigenen moralischen Überzeugungen und unternehmerischem Handeln auch zu thematisieren, kann in dieser Hinsicht also keine Rede sein.

Ein Einwand, der sicher berechtigt ist und in diesem Zusammenhang genannt werden muss, besteht in der Ansicht, dass ein Individuum kapazitativ schlichtweg überfordert wäre, der Forderung, sich für seine moralischen Überzeugungen allumfassend zu engagieren, nachzukommen. Hierzu ist mit konkretem Bezug zu unternehmerischem Handeln zweierlei zu sagen: Erstens wird ein vernunftbegabtes Individuum in der Regel zu unterscheiden vermögen zwischen solchen unternehmerischen Vorgängen, die in krassem Widerspruch zu individuellen und kollektiven Überzeugungen stehen einerseits und solchem Tun oder Unterlassen, welches nur in Nuancen oder in weniger elementarer Hinsicht von der Meinung des Betrachters abweicht. Und zweitens besteht die Forderung zur Umsetzung der eigenen moralischen Überzeugungen nicht beziehungslos. Vielmehr erscheint der Kohärentismus als Projekt der Selbstaufklärung, demzufolge es im Interesse des Einzelnen liegt, sich in Übereinstimmung mit kollektiven Überzeugungen und seine Handlungen in Kongruenz mit seinen individuellen Überzeugungen zu sehen.

In der Erweiterung der Anwendungsperspektive wird deutlich, dass sich diese Forderung keineswegs nur auf die hier thematisierten größeren Sinnzusammenhänge beschränkt, sondern gerade auch die Lebenswirklichkeit des

Alltags einbezieht: Respekt und Integrität im Umgang mit unseren Mitmenschen sind keine abstrakten Forderungen, sondern sehr konkrete Ansprüche, die wir jeden Tag erneut umzusetzen gefordert sind und nach deren Verwirklichung es sich im Interesse jedes Einzelnen zu streben lohnt. Dabei ist Moral keine Checkliste, die uns das moralisch angemessene Handeln stets ohne eigenes Zutun offenbart, sondern ein Prozess, in dem sich der aufgeklärte moderne Mensch täglich erneut herausfordert, indem er in kritischen Entscheidungssituationen die verschiedenen Handlungsoptionen reflektiert und in Bezug auf Ziele, Mittel und Konsequenzen unter Beachtung seines moralischen Wertesystems evaluiert. Letztlich wird es nicht darum gehen, sich vor einer anonymen Instanz für sein Tun zu erklären oder zu rechtfertigen – sondern allein vor sich selbst.

5. Schlussbetrachtungen – ein Appell an die individuelle Integrität

„Wer will, dass die Welt so bleibt, wie sie ist, der will nicht, dass sie bleibt."[77] Wer aber will, dass die Welt nicht so bleibt, wie sie ist, und dennoch nichts dagegen unternimmt, dass diese so bleibt, der weiß nicht, was er will. Was in Fortführung des Bonmots von Erich Fried pointiert wirken mag, ist im Kern die Aussage des vorliegenden Werkes – wenn auch verkürzt formuliert. Es geht darum, ein individuelles kohärentes System moralischer Überzeugungen zu entwickeln und in Übereinstimmung mit diesem zu handeln – eine Forderung, welche keinen theoretischen und den Menschen überfordernden Anspruch beinhalten dürfte, sondern an das menschliche Potential zur Integrität appelliert.

Das individuelle sowie kollektive Überzeugungssystem ist dabei gekennzeichnet von einer Vielzahl an Einflussfaktoren, die sowohl moralischer als auch außermoralischer Ursprünge sind. Um einen dieser Faktoren – ein durch Tradition und Missverständnis geprägtes Vorurteil über den Bereich der Wirtschaft – zu widerlegen und also in dieser Hinsicht Transparenz über die Grundlagen der Ökonomik zu generieren, wurde in Kapitel 2 in einem ersten Schritt dargelegt, dass das ausschließlich selbstinteressierte Streben und die Negierung altruistischer, sozialer und moralischer Motive der Ökonomik als systematischer Wissenschaft keineswegs immanent sind. Der aus den Fundamenten der klassischen Wirtschaftstheorie entwickelte homo

---

77 Fried, E. (1993), S.28.

oeconomicus ist daher auch nicht als Forderung an den Menschen zu verstehen, sondern als Theoriekonstrukt, mit Hilfe dessen Konsequenzen aus dilemmatisch strukturierten komplexen Handlungssituationen kalkuliert werden.

Basierend auf dieser Erkenntnis bestand der zentrale Gegenstand dieses Buches darin, in Kapitel 3 die durch Karl Homann entwickelte Wirtschaftsethik, welche als normative Fortführung der Smith'schen Wirtschaftstheorie verstanden werden kann und in ihrer Konsequenz die Anschauung zahlreicher Vertreter der Wirtschaft repräsentiert, systematisch zu analysieren. Im Rahmen dieser Analyse wurden jedoch vier Argumente identifiziert, welche aufzeigen, dass es weder möglich noch gewünscht sein kann, den durch Homann formulierten Sollensforderungen zu folgen: Erstens spricht die realwirtschaftliche Dynamik gegen die praktische Umsetzbarkeit eines Regelsystems, welches in der Lage wäre, defektives Handeln einzelner Wirtschaftsakteure wirksam zu verhindern. Zweitens läuft der Versuch der Etablierung eines derartig dichten Netzes an gesetzlichen Bestimmungen den Freiheitsinteressen der meisten Menschen geradezu zuwider. Drittens nimmt Homann die lebensweltliche Faktizität der Moral nicht ernst. Und viertens wird die charakterliche Disposition des Menschen, seinen Überzeugungen durch Taten zu entsprechen, nicht beachtet. Angesichts dieser Argumente ist zu schlussfolgern, dass die Homann'sche Konzeption nur für solche Interessenspektren plausibel erscheint, die allen Menschen gemein und für ein kollektives Zusammenleben elementar sind. Diese Aspekte, welche in der Moral im engeren Sinne zum Ausdruck kommen, können mithilfe einer Regelethik nach Homann geregelt werden, da hier von weitgehend kongruenten Interessen der Einzelnen auszugehen und eine Einschränkung der Freiheit des Einzelnen im Sinne der Durchsetzung dieser Interessen geboten ist. Zudem gilt, dass es sich hierbei um Lebensbereiche handelt, bei welchen es sich aufgrund ihrer elementaren Natur lohnt, die Durchsetzung der letztlich durch alle gewünschten Kooperation mithilfe von Regeln, sprich Gesetzen, sicherzustellen. Für darüber hinaus gehende Interessengebiete bedarf es jedoch differenzierterer, intelligenterer Antworten.

Wie diese Antworten aussehen könnten, ist im Anschluss anhand der Darlegung verschiedener Interessengruppen und vor dem Hintergrund eines Szenarios skizziert worden. Selbstredend konnte hiermit kein Handbuch für das ethisch angemessene Verhalten in allen Lebenslagen erstellt werden. Vielmehr ist deutlich geworden, dass die an Individuen gerichtete Forderung nach Kohärenz auch in komplexen Entscheidungssituationen Möglichkeiten zur Umsetzung aufweist. Der Einzelne ist daher nicht nur gefordert, sondern auch befähigt, in Übereinstimmung mit seinen moralischen Überzeugungen zu handeln oder sich für die Umsetzung der kollektiv gewünschten Handlungen auch in größeren Sinnzusammenhängen zu engagieren.

In diesem Zusammenhang ist in diesem Buch auch von der Chance zur freiwilligen Selbstverpflichtung die Rede gewesen. Was auf der Ebene des Individuums als selbstverständlich erscheint, ist auf der Ebene von Unternehmen noch neu. Jedoch sind die aktuell sich entwickelnden *Corporate Social Responsibility* (CSR)-Aktivitäten zahlreicher Unternehmen in genau diesem Lichte zu betrachten. Dahinter verbirgt sich das freiwillige Engagement von Unternehmen, Werte für das unternehmerische Handeln zu definieren und in Bezug auf ihre Verantwortung gegenüber den diversen Anspruchsgruppen zu konkretisieren. Zwar werden derartige Aktivitäten oftmals noch als bloßes Marketinginstrument diskreditiert. Nach Ansicht des Autors ist es jedoch keineswegs verwerflich oder der Idee moralischen Handelns abträglich, wenn Moral und unternehmerisches Eigeninteresse tatsächlich zusammenfallen und sich aus dieser Übereinstimmung Handlungen ableiten, die sowohl ethisch als auch unternehmerisch gewünscht sind. Wichtig ist hierbei nur, dass nicht ausschließlich im Falle der Übereinstimmung von beiden Interessen ethisch gehandelt wird, sondern eben auch in Konfliktsituationen die definierten Werte – statt unter Vorbehalt zu stehen – das Tun und Unterlassen von Unternehmen bestimmen.

Gerade in dieser Eventualität besteht die Chance, auch über nationalstaatliche Grenzen hinweg moralisches Handeln dort zu fördern, wo Forderungen deutlich über die Moral im engeren Sinne hinausgehen – also auch und vor allem im wirtschaftlichen Kontext. Und auch, wenn diese Antwort nicht vollends befriedigen mag, so erscheint sie doch als die einzige mögliche Lösung, die Interessen der Allgemeinheit mit den individuellen Interessen unternehmerischen Strebens auch in globalen Wirkungsketten zusammenzubringen. Ohne Zweifel: der Appell an den Einzelnen und dessen Verantwortungsgefühl ist eng mit der Hoffnung verknüpft, dass der einzelne in kritischen Entscheidungssituationen von seinem individuellen Standpunkt zu abstrahieren vermag und sich im Sinne einer das Gemeinwohl am besten fördernden Handlung einzusetzen bereit ist. Diese Hoffnung, welche als Ideal eher den Weg als das Ziel im Blick hat, ist weniger die Überzeugung, dass am Ende all unseres Strebens der Erfolg steht, sondern die Gewissheit, dass dieses Streben sinnvoll ist – egal, wie es ausgeht. Der Mensch hat überall dort Verantwortung für sein Umfeld, wo er Einfluss auf dieses ausübt. Es gibt viel zu tun!

Literatur

Ambrasat, Jens (2006):
Sollen wir unseren Eigennutz maximieren? Eine kritische Auseinandersetzung mit dem Konzept des Homo Oeconomicus, Wissenschaftliche Hausarbeit zur Erlangung des akademischen Grades eines Magister Artium, Berlin, 2006.

Badura, Jens (2006):
Kohärentismus, in: Düwell, M. et all (2006): Handbuch Ethik (2006), J.B. Metzler, Stuttgart, 2006.

Bayertz, Kurt (1999):
Moral als Konstruktion. Zur Selbstaufklärung der angewandten Ethik, zitiert in: Badura, Jens (2006): Kohärentismus, in: Düwell, M. et all (2006): Handbuch Ethik (2006), J.B. Metzler, Stuttgart, 2006.

Bayertz, Kurt (2004):
Warum überhaupt moralisch sein?, C.H. Beck, München, 2004.

Böll, Heinrich (1974):
Die verlorene Ehre der Katharina Blum, Verlag Kiepenheuer & Witsch, Köln, 1995.

Brune, Jens Peter (2006):
Dilemma, in: Düwell, M. et all (2006): Handbuch Ethik (2006), J.B. Metzler, Stuttgart, 2006.

Dahrendorf, Ralf (1967):
Pfade aus Utopia, Arbeiten zur Theorie und Methode der Soziologie, Piper, München, 1967.

Eckstein, Walther (1925):
Einleitung des Herausgebers, in: Smith, Adam (1759): Theorie der ethischen Gefühle (1759), Meiner Verlag, 1925.

Fried, Erich (1993):
Gedichte, Reclam, Stuttgart, 1993.

Habermas, Jürgen (1992):
Faktizität und Geltung Beiträge zur Diskurstheorie des Rechts und des demokratischen Rechtsstaates, Suhrkamp, Frankfurt am Main, 1992; zitiert in Bayertz, K. (2004): Warum überhaupt moralisch sein?, C.H. Beck, München, 2004.

Hart, Michael (2003):
The 100 – A Ranking of the most influential persons in history, Citadel Press, o. Ort, 2003.

Homann, Karl (1991):
Wirtschaftsethik – Die Funktion der Moral in der modernen Wirtschaft, in: Wieland, Josef (Hrsg.): Wirtschaftsethik und Theorie der Gesellschaft, Suhrkamp, Frankfurt am Main, 1993.

Homann, Karl; Lütge, Christoph (2004):
Einführung in die Wirtschaftsethik; LIT Verlag, Münster, 2004.

Kersting, Wolfgang (2006):
Kontraktualismus, in: Düwell, M. et all (2006): Handbuch Ethik (2006), J.B. Metzler, Stuttgart, 2006.

Kirchgässer, Gebhard (1991):
Homo oeconomicus: das ökonomische Modell individuellen Verhaltens und seine Anwendung in den Wirtschafts- und Sozialwissenschaften, J.C.B. Mohr (Paul Siebeck), Tübingen, 1991.

Kohler, Georg (2004):
Entschluss und Beschluss: Zum Begriff der rationalen Entscheidung; in: Nida-Rümelin, Julian (2004): Praktische Rationalität, Walter de Gruyter, Berlin, 2004.

Koller, Peter (1979):
Die Konzeption des Überlegungs-Gleichgewichts als Methode der moralischen Rechtfertigung, zitiert in: Badura, Jens (2006): Kohärentismus, in: Düwell, M. et all (2006): Handbuch Ethik (2006), J.B. Metzler, Stuttgart, 2006.

Manstetten, Rainer (2002):
Das Menschenbild der Ökonomie, Verlag Karl Aber GmbH, München, 2002.

Nida-Rümelin, Julian (1997):
Praktische Kohärenz, zitiert in: Badura, Jens (2006): Kohärentismus, in: Düwell, M. et all (2006): Handbuch Ethik (2006), J.B. Metzler, Stuttgart, 2006.

Pollmann, Arnd (2005):
Integrität – Aufnahme einer sozialphilosophischen Personalie, transcript Verlag, Bielefeld, 2005.

Richardi, Rainhard (2002):
Einführung; in ohne Verfasser (2002): Arbeitsgesetze, Deutscher Taschenbuch Verlag GmbH & Co. KG, München, 2002.

Siep, Ludwig (2004):
Konkrete Ethik – Grundlagen der Natur- und Kulturethik, Suhrkamp, Frankfurt am Main, 2004.

Thielemann, Ulrich; Ulrich, Peter (1993):
Was denken Manager über Markt und Moral? Empirische Untersuchungen unternehmensethischer Denkmuster im Vergleich, in: Wieland, Josef (1993): Wirtschaftsethik und Theorie der Gesellschaft, Suhrkamp, Frankfurt am Main, 1993.

Wildfeuer, Armin G. (2006):
Freiheit, in: Düwell, M. et all (2006): Handbuch Ethik (2006), J.B. Metzler, Stuttgart, 2006.

Internetquellen

Internetquelle 1:
Starbatty, Joachim, Titel: Das Menschenbild in den Wirtschaftswissenschaften, http://www.uni-tuebingen.de/uni/wwa/download/GeschWipo/176.pdf, Abruf am 18.12.2007.

Internetquelle 2:
Ohne Autor, Titel: MATERNA und Universität Dortmund veröffentlichen Studie zum Beschwerde-Management, http://www.innovations-report.de/html/berichte/studien/bericht-51352.html, Abruf am 17.12.2007.

REIHE WIRTSCHAFTSWISSENSCHAFTEN

Arbeiter, Martin / Bühring, Wolfgang /
Schwab, Siegfried / Stihl, Hanspeter (Hg.)
Probleme der postindustriellen Bürgergesellschaft IV
Band 16, 2009, 350 S., br., ISBN 978-3-8255-0738-1, € 24,90

Aus dem Inhalt:
- Der Vermittlungsausschuss, Aufgaben und Zuständigkeiten
- Neuregelung der »Pendlerpauschale« verfassungswidrig
- UN Kaufrecht
- Einführung in die Grundrechte

Becker, Thomas / Oehler, Eberhard /
Schwab, Siegfried / Stihl, Hanspeter (Hg.)
Probleme der postindustriellen Bürgergesellschaft III
Band 15, 2009, 328 S., br., ISBN 978-3-8255-0719-0, € 24,90

Aus dem Inhalt:
- Zwischen Kameralistik und IPSAS – welchen Weg geht die öffentlich Finanzwirtschaft?
- Auf dem Weg zur Wissenschaftstheorie
- Sozialunternehmen auf dem Weg zur Konzernrechnungslegung
- Personalcontrolling
- Prozessmanagement im Krankenhaus
- Personenbedingte Kündigungen
- Lebenslanges Lernen (LLL) – eine Option für die Zukunft!?

Becker, Thomas / Oehler, Eberhard /
Schwab, Siegfried / Stihl, Hanspeter (Hg.)
Probleme der postindustriellen Bürgergesellschaft II
Band 14, 2008, 324 S., br., ISBN 978-3-8255-0714-5, € 24,90

Becker, Thomas / Bühring, Wolfgang / Förster, Reiner /
Oehler, Eberhard / Schwab, Siegfried / Stihl, Hanspeter (Hg.)
Probleme der postindustriellen Bürgergesellschaft I
Band 13, 2008, 298 S., br., ISBN 978-3-8255-0712-1, € 24,90

Becker, Thomas / Bühring, Wolfgang / Förster, Reiner /
Oehler, Eberhard / Schwab, Siegfried / Stihl, Hanspeter (Hg.)
Herausforderungen und Veränderungen im Öffentlichen Sektor IV
Band 12, 2007, 348 S., br., ISBN 978-3-8255-0669-8, € 24,90

CENTAURUS VERLAG

REIHE WIRTSCHAFTSWISSENSCHAFTEN

„Gerechtigkeit und Effizienz bedingen sich gegenseitig. Die Ökonomie muss autopoietisch werden, nur so erhält sie ihre höchste Effizienz und zugleich ihren Anschluss an das Soziale und die Natur. Dies geht nur in den Medien Zeit und Wert – Geld wird in Zukunft nicht mehr das Leitmedium der Ökonomik sein, sondern Zeit und Wert."

Das Buch spricht Lernende und Lehrende in den Bereichen Ökonomik und Soziologie an. Es zeigt die Möglichkeit auf, die systemisch sich verselbständigende Ökonomie wieder in die Gesellschaft zu integrieren können – durch die Ausweitung der Demokratie auch auf die Ökonomie.

Georg Röttger
Ein neues Paradigma der Ökonomie.
Wie wir die Ökonomie wieder in die Gesellschaft integrieren können.

Reihe Wirtschaftswissenschaften,
Bd. 85, 1. Aufl. 2009, 744 S., br.,
ISBN 978-3-8255-0740-4, € 42,80

Weitere Titel aus dieser Reihe finden Sie auch auf unserer Homepage:

www.centaurus-verlag.de

CENTAURUS VERLAG

If you have any concerns about our products,
you can contact us on
ProductSafety@springernature.com

In case Publisher is established outside the EU,
the EU authorized representative is:
**Springer Nature Customer Service Center GmbH
Europaplatz 3, 69115 Heidelberg, Germany**

Printed by Libri Plureos GmbH
in Hamburg, Germany